살아 있다는 의미

살아 있다는 의미

글쓴이 전효택

1판 1쇄 인쇄 2024. 7. 15.
1판 1쇄 발행 2024. 7. 25.

펴낸곳 마음풍경
표지·편집 디자인 예온

신고번호 제300-2004-100호
신고일자 2004. 6. 11
전화 031-900-8060 | **팩스** 031-900-8062

ⓒ Hyo-Taek CHON

ISBN 979-11-85303-07-9 03800

살아 있다는 의미

전효택 교수의 다섯 번째 산문집

마·음
풍경

책머리에

-》》《《-

 네 번째 산문집 『내 인생의 푸른 시절』을 발간한 지 어느덧 이 년이 되어옵니다.
 지난 이 년간 기쁨을 준 보람된 일도 있고 서운한 일도 있습니다.
 팬데믹 거리 두기 여파로 해외여행을 적극적으로 하지는 못했으나, 가까운 일본 규슈의 후쿠오카와 가고시마에 잠시 다녀와서 여행 산문을 투고했습니다. 2022년 봄호부터 새로이 출발한 『계간현대수필』이 정상적으로 발간되며 자리를 잡아가는 일에 운영위원으로 참여하고 있어 많은 보람을 느낍니다. 서울대학교명예교수협의회가 지원하는 MAHA(My active and healthy aging, 은퇴 후 시간을 건강하고 활동적으로 만드는) 프로그램 중 매 학기 자서전 쓰기 반에서 반장으로 열심히 동참하고 있습니다. 또한 한양 유람 건강 걷기반을 리드하며 명예교수 동료들과 대학 동기들을 서울 주변 산책 코스로 안내하는 즐거움이 있습니다.
 유감스러운 일은 지난 2018년 9월에 창간한 계간지 『여행문화』가 2023년 겨울호를 마지막으로 정간된 일입니다. 국내 유일의 수준 높은 컬러판 여행 산문 문예지를 만든다는 자부심으로 5년 이상 부주간으로 참여하며 열심히 봉사하였으나 출판 경영 문제로 중단이 불가피해져 안타깝습니다.

글쓰기는 여전히 어렵다고 느낍니다. 머리 안에서는 글의 주제와 문장 구성이 뱅뱅 돌고 있으면서도 작품 완성이 쉽게 진행되지 않습니다. 때로는 적절한 표현 문구가 떠오르지 않아 며칠을 중단하기도 합니다. 마감일을 앞두고는 신기하게도 글쓰기의 가속도가 붙어 드물게 탈고하기도 합니다. 그동안 글을 쓰면서 발견한 즐거움은 자신에 대한 성찰과 돌아보기였습니다. 나는 누구인가를 깊이 생각하게 되었고 얼마나 정직하고 솔직하게 마음에서 우러나오는 글쓰기를 할 수 있을까를 고민하기도 합니다.

그동안『계간현대수필』,『여행문화』,『한국산문』,『리더스에세이』,『에세이스트』,『수필과비평』,『한국수필』,『문학秀』,『월간에세이』,『그린에세이』,『메타문학』,『현대작가』,『문예바다』,『수필시대』,『시See』,『아시아문예』,『문학서초』등의 정기 문예지뿐만 아니라『에세이스트작가회의 연간집』,『리더스 테마에세이』,『청색시대(계간현대수필작가회)』,『서울공대』등의 동인지와 소식지에 게재한 글들을 묶어 다섯 번째 산문집을 냅니다. 여러 문예지로부터 원고 청탁을 받으며 아직은 마감 날짜에 늦지 않게 원고를 보내고 있어 다행으로 여깁니다.

이 산문집은 저의 가족과 제자와 가까운 지인들, 그리고 같은 길을 가는 문우님들께 증정하려 합니다. 이 책을 읽는 독자에게 조금이라도 삶에 보탬이 되고 위안이 된다면 제겐 큰 기쁨입니다. 이 산문집이 나오기까지 제 글을 읽어주고 합평해 주신 문우님과 선생님께 감사드립니다. 아울러 여전히 책보기와 책사기, 글쓰기를 좋아하는 남편을 배려해 주고 있는 아내와 아이들에게도 고맙다는 인사를 보냅니다.

2024년 6월 초순
'작가의 방'에서 저자 씀

차례

책머리에

1 · 수필

추억의 명수필 감상평과 감상수필
녹음에도 술에도 취할 수 없는 인생 • 14
나의 정릉동 시절 • 18
산책 예찬 • 22
유쾌한 산책 BMW • 25
우정과 연정 사이 • 28
이성 교제 • 31

나라 사랑
「미스터 션샤인」 황기환 애국지사 • 34
무명의 레지스탕스- 재불 독립운동가 홍재하 • 40
기쁜 마음의 궁전 • 44

외국 여행
젊은 날의 런던 이야기 • 48
'주데텐' 바로 알기 • 52

오슬로에서 김 씨 찾기 • 56
영국 왕립광산학교 • 59
마우스 버닝 • 63
노리치와 나의 푸른 시절 • 66
나의 첫 유럽 여행 • 70
겨울 여행 • 74
도쿄대학의 추억 • 77

개인의 소신, 신념, 살아가기

승용차 덜 타기 • 81
나의 서재와 책사랑 • 84
대형 책장을 옮기며 • 87
때늦은 후회 • 91
마지막 가는 길 • 94
불안에서 건강한 삶 속으로 • 98
비에 받히고 • 102
살아 있다는 의미 • 105
세 가지 좌우명 • 109
이게 나예요 • 112
작가의 방 • 115
인공지능과 글쓰기 • 118
저출산 문제와 인문학의 역할-인터뷰 • 121

인연

HS 교수와의 동행 • 126

다시 찾은 가방 • 130

방배동 카페 골목 • 134

술자리 인연 • 138

신림동과의 인연 • 141

영원한 총통 • 144

인연의 고리 • 148

잘하고 있지 • 152

산책, 소풍

콧노래 나오는 산책길 • 155

충주 활옥 동굴로의 소풍 • 159

기타

서초 문학상 본상_ 수상 소감 • 163

서초 문학상 대표작_ 내 인생의 푸른 시절 • 165

축시_ 전효택 교수의 정년을 맞으며-한국남 교수 • 168

2 • 책을 읽고

게으른 시인의 이야기 • 174
남아있는 나날 • 178
러시아의 작가 나기빈 • 183
발칙한 유럽 산책 • 188
용서하지 않을 권리 - 가해자와 피해자 • 192
자유인 조르바 • 198
존재의 가벼움과 무거움 • 203
아니 에르노의 소설을 읽으며 • 207

3 • 여행 산문

마지막 사무라이의 도시 가고시마 • 212
소문이 관광지인 네스호 • 221
온천마을 유후인에서의 하루 • 228

1·

수
필

추억의 명수필 감상평과 감상수필

녹음에도 술에도 취할 수 없는 인생

◦ 계용묵의 「정릉 일일(一日)」을 읽고

계용묵(1904-1961)은 단편 소설 「백치 아다다」 한 작품만으로도 한국 문학사에 지울 수 없는 자취를 남긴 작가라고 알려져 있다. 탄생 100주년을 맞아 계용묵 전집 1권(소설)과 2권(산문)이 발간되었다(민음사, 2004). 이 전집에는 44편의 단편 소설과 78편의 수필이 게재되어 있다. 그는 세련된 언어로 인간의 미묘한 심리를 다룬 소설가로서 또한 수필가로서 뛰어난 작품을 남겼다.

나는 그를 중학생 시절 직접 만나 뵌 적이 있다. 평북 선천 출신인 계용묵의 M부인은 내 어머니의 동생뻘 친척이었다. 나의 본가는 원적이 평북 정주이고, 외가는 선천이다. 소설가의 자택은 정릉 우리 집과 두 블럭 정도의 거리였고, 내 어머니와 소설가의 어머니는 서로 며느리 흉을 볼 정도로 친한 사이였다. M 부인은 내 이모의 결혼식에 들러리를 설 정도로 미인이었음을 기억한다.

어머니와 함께 계용묵의 자택을 찾았을 때 인사드린 기억이 난다. 아마도 내가 중학교 1학년일 때였던 것 같다. 탁자에서 글을 쓰고 계시다 나를 보더니 "공부를 잘한다며!" 하며 칭찬해 주시던 모습이 아직도 선하다. 당시 나는 이분이 유명한 소설가임을 전혀 몰랐다. 고등학교 시절 단편 소설 「백치 아다다」, 「별을 헨다(센다)」와 수필 「구두」를 읽으며, 또한 국어 시간에 이 작가에 대해 배우면서 대단한 분임을 알게 되었다.

「정릉 일일(一日)」은 작가가 정릉 골짜기에서 하루 야유를 마치고 적은 감회 수필이다.

산이나 바다에서 즐기는 취미가 없는 작가는 회사 동료의 종용으로 정릉 골짜기에 놀러 갔는데, 주변에 녹음이 짙었다는 표현을 보면 아마도 초여름이었던 듯하다.

논다는 것은 결국 음식과 술을 먹는다는 의미와 통한다. 물이 흐르는 한 골짜기에서 주량이 약한 저자가 삐루(맥주) 몇 잔에 신체적으로 괴로웠음을 토로한다. 동행한 인원수에 비해 과도하게 많이 준비해 온 음식물과 술에 회의를 느낀다. 먹을 줄 모르는 술까지 억지로 먹어야 하는 생활과 향락의 존재에 작가는 의구심을 보낸다.

나도 이러한 경험이 청년 시절에 있었다. 대학을 졸업할 때까지 술을 입에도 대지 않아서 술자리 지키기가 별로 내키지 않았고 시간이 아깝다는 생각을 한 적이 많다. 사회생활을 하면서는 술자리에 자의 반 타의 반 참석해야 했다. 주량이 약한 초기에는 술 먹은 다음 날 아침에 오는 육체적 괴로움을 극복해야 했고, 시간과 금전 소비에 후회하는 적도 있었다.

작가는 정릉 골짜기에서 녹음에도 술에도 취할 수 없는 인생은 결국 괴로운 의미를 모르는 인생일까, 녹음도 술도 모르고 괴로운 내 마음은 과연 무엇을 의미하는 괴로움일까 하며 인생의 밑바닥에 들어가서는 살아 볼 수 없는 인생의 초년병이라고 자탄한다. 작가는 새소리 없이도 푸른 정릉 골짜기에서의 시원한 물소리를 들을 수 있으나, 밀화부리 소리 한마디 들을 수 없다고 표현한다. 밀화부리는 참새 조류로 4계절 볼 수 있는 텃새이다. 밀화부리에서 밀화(蜜花)란 노란색 호박(琥珀)을 뜻한다. 새 부리가 노란 보석 호박처럼 생겼다고 해서 이름이 '밀화부리'이다.

　이 작품을 발표한 시기가 1940년대 후기인데 녹음이 우거진 정릉천 골짜기에 새소리가 없다 했다. 산에 가득 찬 사람들의 고함과 소란으로 새소리가 묻힌 걸까, 아니면 새들이 피해 도망간 걸까. 한국을 방문하는 외국인들이 산세와 나무숲과 하천과 호수 절경에 찬사를 보내면서도 왜 새소리가 들리지 않느냐는 질문을 한다고 한다. 실제 경치 좋은 숲속 풍경에 들어가도 새소리 듣기는 그리 만만치 않다.

　나는 소년 시절부터 결혼으로 분가하기 전까지 거의 이십여 년을 정릉 본가에서 살아서 정릉천 골짜기에 익숙하다. 하천 상류에는 등산객이나 놀러 오는 사람들이 즐길 수 있도록 하천 물줄기를 따라 천막 유휴 장소와 시설들이 번창했었다. 이제는 정릉천 주변에 고가도로가 들어서고, 많은 아파트 단지들이 개발되면서 과거처럼 하천을 따라 조성된 유휴시설이 거의 없다. 그래도 정릉천 주변을 지날 때면 물소리와 유락 천막 시설과 즐기는 노래와 떠드는 소리가 들리는 듯하다. 지금도 정릉 계곡을 누비며 웅덩이에서 멱을 감고, 계절 따라 버찌를 따 먹고 칡뿌리를 캐던 소년 시절이 가끔 떠오른다.

· 한국수필, 2024. 4.

나의 정릉동 시절

오랜만에 정릉동과 조선왕릉 정릉(貞陵)을 찾았다. 나의 소년시절과 청년시절 성장하고 자란 곳을 가면 당시의 나를 만날 것 같은 생각이 들어서였을까.

정릉은 성북구 정릉동(현재는 아리랑로)에 있다. 정릉은 태조 이성계의 두 번째 왕비 신덕왕후 강 씨(1356-1396)의 묘로 무안대군 방번과 의안대군 방석의 모친이다. 이성계의 막내아들 방석이 세자로 책봉되자 태조 7년(1398) 왕위 계승에 불만을 품은 방원(3대 태종)이 '왕자의 난'을 일으켜 이복동생 방번과 방석을 제거했다. 천만다행히 모친 강 씨는 그 전에 작고하여 이런 끔찍한 변은 보지 못했다.

내가 살았던 시절에는 정릉으로 오르는 비포장길 옆이 작은 개천과 야산이어서 주택이 없었다. 왕릉 아래 작은 골짜기에는 약수터가 있어 지역 주민들의 휴식 공간이었다. 나에게는 이곳이 여친과 가끔 데이트하는 조용한 장소였다. 지금은 아리랑고개 바로 아래 신설된 경전철 정릉역에서 왕릉 입구까지 포장도로가 만

들어졌다. 왕릉 바로 앞에까지 주택이나 연립 아파트들이 들어와 있다. 왕릉을 보호하는 담이 둘러서 있고 관람 매표소가 설치되어 있어 왕릉 주변이 잘 정리되어 있다. 또한 왕릉 주위로 등산로가 이루어져 매우 정연한 분위기를 보인다. 왕릉 주변 정리는 잘 되었으나 그것을 바라보는 나는 왜 이렇게 이곳이 답답하고 처연해질까. 아마도 매표소 앞까지 들어차 있는 주거지 때문이리라.

정릉동으로 처음 이사 왔을 때 작은 영단주택과 나무 담장이 생각난다. 이 담장은 나무 기둥 사이에 널빤지를 이어 붙인 엉성한 담장이었다. 이 담장은 내가 초등학교 고학년 시절 한반도를 강타한 태풍 사라호(1959년 9월 중순)를 연상시킨다. 당시에 한반도 기상관측 사상 최악의 태풍이라 했다. 나는 이 담장이 비바람에 쓰러지지 않도록 비를 맞으며 두 손으로 오랜 시간 받쳐주던 기억이 난다. 그날따라 집에는 아무도 없었다. 장남의 책임감이랄까. 지금 생각해 보아도 용감했다. 담장을 밀어 받치며 그때 나는 무슨 생각을 했을까. 그날 허름한 나무 담장은 무너지지 않았다.

나는 결혼으로 분가할 때까지 이십여 년을 이 집에서 살았다. 지금은 지하철이 연결되고 고가도로가 생기고 도로가 넓어져 강북 시내에서 10분 내지 20분이면 도달한다. 처음 정릉동으로 이사 왔을 때의 이곳은 완전 시외 분위기였다. 돈암동에서 아리랑고개나 미아리고개를 넘어서야 도달할 수 있는 외곽동네였다.

정릉천은 두 지류가 모인 하천이다. 하나는 북쪽 지류로 청수장(호텔) 유원지 골짜기와 북한산 등산로 입구에 닿는다. 또 하나는 서쪽 지류로 배밭골 과수원 골짜기로 연결되어 있었다. 이제는 정릉천 북쪽 상류로 마지막 건물이던 청수장은 없어지고, 그 자리에는 같은 이름의 식당이 들어서 있었다. 부근에는 시내버스 종점 터미널과 북한산 공원 안내소와 주차장이 있고, 북한산 등산로 입구라는 이정표가 있다. 주변의 정릉천은 양 둑이 돌벽으로 정리되어 있고 아파트촌으로 바뀌었다.

지난 1971년에 이 배밭골과 평창동을 잇는 북악터널이 개통되었다.

정릉천 주변으로 고가도로와 아파트 대단지들이 밀집되며 골짜기의 유원지 정경이 사라진 지는 이미 오래다. 정릉천 주변으로 과거의 많은 골목길과 소규모 주택들은 모두 없어지거나 재개발되어서 그 흔적을 찾기도 만만치 않다. 내가 살던 집 주변 야산에는 대단위 아파트 단지가 들어서 있어 이 동네가 이렇게 좁았나 할 정도였다. 정릉동 일대는 이제 조용하고 아담한 동네가 아니다. 옛 정취는 사라지고 공간이 협소해진 답답한 동네로 바뀌었다.

내가 정릉동에 살던 50년대 후반부터 70년대 중반까지는 우리나라가 경제적으로 매우 어려운 시기였다. 좁은 마당에 호박을 심어 식사 때마다 먹던 호박 반찬, 붉은빛이 돌던 배급 밀가루, 식탁엔 밥과 김치 그리고 다른 반찬 한 가지 등이 기억난다. 또 아들 다섯을 키우며 항상 동동거리며 초인적으로 많은 집안일을 하시던 어머님이 생각나고, 대학과 대학원 시절 끊임없이 계속하던 가정교사 부업 등 힘든 기억이 떠오른다.

이 시기에는 어린 동생들이 밖에 나가 골목이나 개천에서 또는 야산에서 온종일 놀아도 안전했다. 서민 대부분이 여유 없이 어렵게 살던 때였으나 가족과 친척 또는 이웃에 대한 배려는 컸다.

요즘은 세계 10위권의 경제 대국일지 모르나 이웃에 대한 무관심과 어린이와 약자에 대한 사회 범죄를 보면 이것이 소득이 높은 시대의 특징인가 하는 회의감이 높다. 지금이라도 정릉동 시절처럼 주변을 배려할 줄 아는 사회로 나아가기를 희망해 본다.

• 한국수필, 2024. 4.

산책 예찬

◦ 김태길의 「산책길」을 읽고

첫 여름의 훤히 밝은 이른 새벽이다. 포장도로에 닿는 작가의 구두 발소리가 크게 들리는데 공허와 고독 때문인 듯하다 한다. 산책 장소는 성북동이다. 내가 좋아하고 익숙한 동네이다. 이곳에는 길상사, 한용운의 심우장, 최순우의 옛집, 이태준의 수연산방, 북악스카이웨이(북악산로) 등이 있기 때문이다. 이 작품의 발표 연대가 1974년이니 길상사는 당시 없었겠지만(1997년 완공).

작가는 산책하며 다양한 소시민들과 마주한다. 비를 든 아가씨, 변소 치는 인부들, '몸뻬' 바지를 입은 나이 든 중년 부인, 구멍가게 아저씨, 신문과 우유를 배달하는 사람, 잦은걸음으로 버스 종점으로 향하는 서민층의 남녀와 노소 등. 조용한 호화 주택과 정원에는 거의 사람 그림자도 보이지 않아 부지런히 움직이는 사람들과 대조적이라고 표현한다. 성북동은 마치 별천지 같은 호화 주택이 많은 동네이다.

작가는 포장도로 산책길의 산기슭 가장 높은 곳에 이르러 거대한 서울 시내 풍경과 남산의 송신탑, 녹지대인 창경원과 비원을 전망한다. 숲속에서 들리는 꿀벌 나는 소리와 꾀꼬리, 까치 등의 새소리, 다람쥐와 주변의 철쭉꽃 등을 묘사한다. 집을 나서서 성북동의 성락원 쪽으로 올라 포장 산책 도로의 가장 높은 지점까지 갔다 오는 시간이 얼마나 걸렸는지에 대한 언급은 없다. 성락원은 고종의 아들 의친왕이 살던 별궁의 정원이며 명승이다. 산책을 마치고 집에 돌아올 때 구두 발소리가 여전히 크게 들렸으나 맑은 공기가 약이 되었는지 마음이 가볍다고 작가는 표현한다.

작가는 산책길에서 마주치는 사람들과 주변의 풍물에 대해 예민하게 철학자의 눈으로 묘사한다.

> '나아갈 때 나아가고 물러설 때 물러서는 슬기, 그것이 어려웠던 까닭에 지금 우리는 이 자리에 이 모양으로 서 있는 것이 아닐까?'
> '잦은걸음으로 버스 종점을 향하는 서민층의 남녀와 노소. 모두들 부지런함이 역시 자의반 타의반인가?'
> '처음 이곳을 지났을 때는 별천지를 찾아 든 나그네처럼 호기심과 위압감에 눌렸다. 그러나 이젠 눈에 익어서, 세상이 본래 그런 것인가 보다고 무심히 바라본다.(좌우에 즐비한 호화 주택들을 보며)

우송 김태길(1920-2009) 수필가는 철학자이다. 서울대 교수로 재직했으며 윤리학 전공이다. 그는 현재 104세인 김형석(1920-) 연세대 교수와 안병욱(1920-2013) 숭실대 교수와 함께 철학계 3총사로서 한국에서 존경받는 철학자이다. 수필가로서도 유명하지

만 철학연구회 회장과 대한민국학술원 회장을 역임한 인문 분야의 거물이기도 하다.

1960년대 후반 내가 대학 신입생일 때에 교양필수과목인 철학의 교재가 김태길 교수의 저서 『윤리학』이었다. 나는 그 시기에 교수님이 저명한 수필가인 줄 몰랐다. 그의 첫 수필 발표가 1955년이었고, 최초의 수필집 『웃는 갈대』가 1961년에 발행되었는데도 말이다. 학생 시절 문학 분야에는 오직 소설에만 관심이 있었다. 그는 현대 수필가 100인 선 전집(좋은수필사 발행)의 첫 번째 작가로 『복덕방 있는 거리』(2007)를 출간하였고, 4백 편이 넘는 수필을 발표하였다.

나는 교통수단의 좌우명이 BMW(버스+지하철+걷기)라고 할 정도로 산책 예찬론자이다. 운전면허도 없고 매일 만 보 이상 건강 걷기를 주변에 추천하며 살아왔다. 살아 있음을 정의할 때 우선 "걸을 수 있어야 하고…" 하며 주창한다. 이 글을 쓰며 테니스를 즐기고 홀쭉하게 건강한 모습이던 생전의 김 교수님 모습을 떠올려 본다.

• 한국수필, 2024. 5.

유쾌한 산책 BMW

근래 들어 어르신들이 흔히 90대까지 장수한다. 그만큼 평균 수명이 길어진 셈이다. 인생을 30년씩 삼등분 해 본다면 처음 30년은 교육과 훈련 성장기, 다음은 사회 활동기, 마지막 30년은 정년 이후의 건강한 삶이 될 것이다.

대학에 재직할 때 장수학을 전공한 모교 의대 교수의 강연을 들었다. 그는 한국에서 백 세가 넘게 생존하고 있는 노부부들의 생활환경을 직접 방문 조사하였는데, 세 가지 공통점을 발견했다 했다. 첫째는 시골의 언덕 중턱에 살고 있다는 점이다. 공기가 좋고 걷는 운동량이 많은 곳이다. 둘째는 음식을 가리지 않고 먹는다는 점이다. 음식을 통하여 영양을 보충하고 약을 별로 안 드신다는 의미이다. 마지막으로 부부 사이의 금슬이 좋다는 점인데, 생활이 평안하고 화목하니 스트레스가 적다는 뜻이다.

수년 전 구순을 맞으신 은사님께 건강 유지의 비결을 여쭈어본 적이 있다. 선생님은 일생동안 두 가지 생활 습관을 지키려 노력했다 하였다. 하나는 하루에 적어도 한 시간 이상 걷기이고, 또 하나는 작은 일에 가능한 연연하지 않는다고 하였다. 지금은 94세이나 어깨나 허리가 굽지 않으셨고, 숫자 기억력도 매우 좋은 편이다. 한 시간 이상 걷기는 보통 육천 보 이상이다.

내가 주변에 주창하는 일상생활 좌우명은 BMW(= 버스, 지하철, 걷기)이다. 승용차를 이용하지 말고 버스나 지하철을 이용하며 "많이 걷자"라는 의미이다. 누구나 자신의 건강을 장담할 수는 없다. 건강하게 수명을 연장할 수 있다는 방법과 처방이 너무 많아서 따라가기도 힘든 세상이다. 주변에서 이구동성으로 매일 걷기가 건강에 좋다는 경험적 제안을 많이 하니, 이것이야말로 본받을 만한 생활 습관이 아닐까.

나는 운전면허증이 없다. 공교롭게도 해외에서 연구 생활을 할 때도 영국 런던이나 일본 도쿄와 같이 지하철이 매우 편리한 도시에서 생활하여 승용차가 필요하지 않았다. 서울에서 교수 생활을 시작할 때도 자가용의 필요성을 느끼지 않아 줄곧 BMW 전도사였다.

수년 전 모교에서 명예교수를 대상으로 '은퇴 후 시간을 건강하고 활동적으로 만드는 법, MAHA(My active & health aging) 프로젝트'에 참여한 적이 있다. 나는 특히 하루에 만 보 이상 걷는 그룹에서 일 년 동안 매일 걸으며 기록했다. 서울 시내와 근교의 산책로를 따라 걸으면서 주변의 유명 유적지나 박물관 또는 전시관 등 문화시설을 답사하며 재미있게 산책하는 코스를 개발했다. 지금도 명예교수 팀이나 대학 동기들과 함께 주기적으로 즐기는 일명 '건강 걷기 코스'를 진행하는 반장 겸 가이드를 맡고 있다.

최근에 자주 찾는 산책길 몇 개 코스를 소개한다. 교통 편의를 위해 지하철역에서 만나 걷기를 시작하여 점심을 먹고 지하철역 부근에서 해산한다. 반포천 피천득 산책로- 허밍웨이(humming way)길-독립운동가 김창숙 기념관 코스, 가양동 허준박물관-겸재 정선 미술관-서울식물원과 주변 공원 코스, 서울로7017-한양 도성 순성길-남산공원-백범공원-안중근 의사 기념관-후암동 로터리-해방촌 코스, 돈의문(서대문) 박물관 마을-경교장-홍난파 가옥-권율 도원수 집터와 은행나무-딜쿠샤-사직공원-황학정 활터-단군 성전 코스, 양재시민의숲 공원-윤봉길 의사 기념관-양재천 산책길-등용문 코스 등이 즐기는 산책로이다.

산책하며 즐기는 기쁨은 누구나 비슷할 거다. 우선 수목이 많은 공원과 숲을 지나는 산책길에 내가 있다는 즐거움과 자연의 향기가 만족감을 준다. 오랜만에 만난 지인들과의 공감 있는 대화도 한몫을 더 한다. 목표에 대한 부담 없이 자연스럽게 여유를 만끽하며 사는 내 모습이 유쾌하다. 건강하게 장수하며 보람이 있는 삶을 위해서 BMW를 권해 본다.

• 한국수필, 2024. 5.

우정과 연정 사이
◦ 이태준의 「이성간 우정」을 읽고

　삼십 대 초반 외국 대학에서 연구 생활을 할 때이다. 나보다 아홉 살 많은 지도교수는 함께 식사 후 커피를 마시며 '전 박사는 여성을 좋아하느냐?'고 물었다. 이런 대화는 적절하지 않다는 생각에 대답은 하지 않고 웃기만 했더니, 그는 '나는 여성을 좋아한다. 여성을 싫어한다고 말하는 남자는 위선자이다'라고 했다. 내 연구실에서 지도 학생과 위와 같은 질문과 대화는 상상할 수도 없을 거다. 지금도 돌이켜 보면 그는 참으로 솔직하고 멋진 남자라고 긍정적으로 생각하고 있다.

　이 글은 작가의 저서 『무서록(無書錄)』에 게재된 글이다. 무서록은 '두서없이 쓴 글'이라는 뜻으로, 형식에 구애됨이 없이 붓 가는 대로 쓴 글, 즉 '수필'이다.

　상허(尙虛) 이태준(1904-?)은 1930년대에 근대적인 우리 단편소설의 거봉으로 평가되는 소설가이며 최고의 문장가로 알려져 있다.

작가는 남자로서 여자를 만남이 늘 신선하고, 남자에게 여성은 최대, 최적의 상이물(相異物)이며 완전히 다른 나라 사람이라고 표현한다. 동성끼리는 돌이던 것이 이성끼리는 곧잘 석탄이 되어 잘 탄다고 한다. 여성이 매력이 있는데도 우정으로 사귄다고 말하면 위선이다. 이성 간의 우정이란 한 편이 결혼하고 나면 부활되거나 정화되기는 극히 희귀하다 한다. 나도 같은 생각이다. 매력 있는 여성에게 접근하여 교제하고 싶고 애인이 되고 싶은 욕망은 강하다. 아름다운 여성을 우정으로 사귄다고 말하면 그것은 가면이다.

우정은 정(情)보다는 의리여서 굳이 이성 간에 우정을 맺을 필요는 없다고 작가는 말한다. 남녀는 우정보다 연정에 천연적으로 적재(適材)들이다. 절로 맺어지면 모르거니와 매력이 있다 해서 우정을 계획할 건 아니다. 이성 간에는 애초부터 연정의 혼색이 없이 순백한 우정이란 발생 되기가 어려울 것이다.

본문 중 '아무리 우정이라 할지라도 불이 일기 전까지이지 한번 한 끝이 타기 시작하면 우정은 그야말로 오유(烏有)가 되고 만다'에서 오유는 있던 사물이 없게 됨을 이른다. 가족이나 친척 관계가 아닌 남녀가 서로 처음에는 오빠 또는 누이로 관계를 시작하며 우정을 나누었으나, 어느 틈에 사랑하는 사이로 발전하여 부부가 되는 일은 허다하다. 객관적으로 보아도 남녀 두 사람의 나이나 용모, 학력이나 가정 배경이 현저하게 달라서 사랑하는 연인이 되기에 불가능하게 보임에도 사랑하게 되고 부부로 발전하는 경우를 보기도 한다. 주위의 충고나 조언에 귀 기울이지 않고 사랑에 빠지는 남녀를 볼 때면 사랑은 제정신에 하는 게 아닌지도 모른다고 여겨지기도 한다.

교수로 재직 중 전공 분야의 공공기관 위원회에 참석하는 기회가 많았다. 참석위원들의 수가 대략 열 명이라면 적어도 한 명은 여성이고 대부분 남성이었다. 회의 석상에서 여성 위원이 혼자임에도 자연스레 회의 분위기에 잘 적응하고 의견 제안에 적극적인 모습을 보며 만약 내가 그 반대의 회의 자리, 즉 남성은 한 명이고 나머지 모두는 여성인 회의 자리에서 그렇게 자연스럽게 행동할 수 있을까가 의문이었다. 여성 위원에게 어쩌면 그리 자연스럽게 처신하느냐고 묻자 대답은 '남성이라고 생각하지 않고 동료로 생각한다'고 했다. 여성은 주위의 남성을 필요에 따라 동료로 또는 친구로 여길 수 있겠으나 나는 먼저 여성으로 생각하고 호감을 느끼니 그게 차이였다.

다정하게 호감을 주던 여성이 다른 남성과 결혼하며 앞으로 우리는 영원히 친구로 지내자고 한다면 나는 이런 제안에 동의하지 않을 게 분명하다. 나는 작가의 주장처럼 이성 간의 우정은 그리 쉽지 않다는 의견에 한 표를 던지고 싶다.

• 한국수필, 2024. 6.

이성 교제

불암제는 내가 재학하던 모교 공대에서 매년 5월 하순 일주일간 개최되었던 축제였다. 이 축제는 1961년 5월부터 시작되었고 모교의 종합화 계획에 따라 공대가 관악캠퍼스로 통합된 1979년까지 계속되었다. 공대는 현재의 노원구 공릉로(전 경기도 양주군 노해면 공덕리)에 소재하고 있었다. 불암제는 공대 뒤 동편에 있는 불암산(해발 508m)에서 그 이름을 따왔다. 행사 기간 주중에는 각 학과 대항 축구, 배구, 농구 등 구기 종목 경기와 막걸리 주당대회, 씨름대회, 가장행렬 행사, 불암산 정상까지 왕복하는 건보대회가 있었다. 캠퍼스 종합화 이후로는 이런 낭만적인 젊은 행사는 자취를 감추었다.

불암제 행사 주간 마지막 날인 토요일이 카니발이어서 여성 파트너를 동반하여야 하였다. 내가 재학하던 시기 공대 재학생은 이천여 명이었는데, 여학생은 한두 명이고 모두 남학생이었다. 파트너를 초대하기 위해 여대 앞에서 단체미팅도 하던 시절이었다.

신입생 시절 친구로부터 소개받은 파트너와 이 카니발에 처음 참가했다. 이 축제에서는 빙고 게임, 사교댄스, 가수 초청 음악회가 있었다. 당시 학생 가수 김상희가 초대되어 '대머리 총각'을 열창하던 모습과 공대생으로 구성된 남성밴드 그룹 '에코스(메아리)'의 연주 모습이 아직도 생생하다.

대학 입학 후 나의 첫 미팅은 4월경으로 기억한다. 광화문 사거리 부근 제과점이었다. 첫 미팅 상대가 키가 큰 여성이어서 나처럼 중키의 파트너는 낙제라는 기분이 들었고 그렇게 첫 미팅은 의미 없이 끝났다. 지금은 그 학생의 얼굴 모습이나 학과 이름 등 기본적인 것도 생각나지 않는다. 그 이후로 단체미팅은 내게 매력이 없어져 돈과 시간의 낭비라고 생각했다.

불암제 카니발에 동반할 파트너를 찾으면서 이성 교제가 시작되었다. 이때에도 여성과 돈독한 친구가 되어 우정을 나눌 수 있다고는 생각지 않았다. 중고등학교 재학이 모두 남학교여서 여학생과 취미 활동이나 특별활동을 함께 하며 우의를 다지는 기회는 더더욱 없었다. 사랑에 대한 정신적 육체적 감각은 분명치 않으면서 예민하고 호기심이 많던 사춘기 시절이었다. 사고와 경험이 미숙하여 모순된 감정이 혼재하고 이상과 현실의 차이에 대한 경험도 없던 시절이었다.

내가 성장할 때 우리 집 식구는 부모님과 남자만 오 형제였다. 내가 장남이었고 어머님이 유일한 여성이었다. 내게 고모나 이모 또는 사촌 여동생은 있었으나 친척 행사에서나 만날 정도여서 대학생이 되기 전까지 가까운 또래 여성이 주변에 없었다. 여성에 대해서는 신비감과 궁금증만 가득했다. 학교와 집에서 성교육을 받은 적도 없고 성교육 참고 책자나 TV 같은 시청각 교육도 전혀 없던 때였다. 여성에 대한 지식은 오로지 소설책이나 잡지로 또는 주변의 친구나 선배로부터 주워들은 말이 전부였다.

  나는 수필가들의 이성 교제나 사랑에 대한 경험담을 읽으며 매우 아슬아슬한 줄타기 느낌이 든다. 수필은 작가의 진솔한 체험담이라고 독자는 이해한다. 소설이라면 '소설이니까', '작가가 본인의 경험 일부를 각색했겠지' 하며 가볍게 지나칠 수 있다. 수필을 쓰며 자신이 살아온 모습을 계속 드러내는 면이 부담스럽게 느껴지기도 한다. 나는 지금도 젊은 시절의 연애담 관련 수필은 쓰지 않는다. 이성 교제 경험담은 나만의 비밀로 남겨두고 싶기 때문이다.

• 한국수필, 2024. 6.

나라 사랑

「미스터 션샤인」 황기환 애국지사

오늘 순국 백 년 만에 황기환 애국지사의 유해가 국내로 봉환되며, 대한민국의 국민으로 공식 등록된다는 기사를 읽었다(2023년 4월 10일 자). 요즘처럼 정치 사회적으로 어수선하고 실망을 안겨 주는 시기에 큰 낭보였다. 황 지사는 TV 드라마 「미스터 션샤인」의 남자 주인공의 실제 모델로서 미국 국적의 한국인이며 오랜 기간 잊혀져 온 항일 독립운동가이다.

나는 황기환(1886-1923) 지사를 전혀 몰랐다. 일제 강점기의 독립운동과 독립지사에 관련한 책과 자료도 꽤 읽어 알고 있다고 자부했는데 말이다. 대한민국임시정부 수립 백 주년(2019)을 맞으며 특집으로 방영된 「무명의 레지스탕스-재불 독립운동가」를 우연히 보게 된 후, 같은 제목으로 산문을 작성 발표하면서 자세히 알게 되었다.

최근까지 그의 출생 일자와 미국 입국이 확실하지 않았다. 황 지사는 1904년(18세) 하와이 입항자 명부에서 출생 일자와 입항

일자가 처음 확인되었다. 미국 국립문서기록보관소에 보관된 황 지사의 기록으로도 공식 확인되었다. 그는 제1차 세계대전 미군 참전자 등록카드에 명시된 출생일이 1886년 4월 4일로 확인되었고, 평안남도 순천 출신이었다. 그의 가정환경과 유년, 청소년 시절에 대한 교육이나 기록은 알려진 바 없다. 그는 18세에 증기선을 타고 하와이 호놀룰루에 입항 유학길에 올랐다. 조선 말기에 18세의 나이로 미국으로 향했다니 대단히 드문 일이었을 것이고, 집안의 능력이 상당하지 않았나 짐작된다.

1905년부터 도산 안창호 선생이 조직한 민족운동단체 '미 공립협회'에서 항일독립운동을 시작했다. 황 지사는 1917년 미군이 제1차 세계대전에 참전하자 지원병으로 입대, 유럽 서부전선에서 종군했다. 그는 황얼기환(Whang Earl Keewhan)이란 이름으로 지원했다. 유럽 전선에 투입된 황 지사는 중상자 구호 담당이었고, 언제나 정의와 사랑을 신조로 전선에서 활약했다고 알려져 있다. 미군에 입대한 동기는 확실치 않으나 그 당시 미군에 입대하여 참전하면서 군 복무를 마치면 미국 시민이 될 수 있다는 징집법의 공포가 있었는데, 이 법의 혜택을 받았는지는 확실치 않다.

황 지사는 제1차 세계대전 종전(1918년 11월) 이듬해인 1919년 6월 프랑스로 이동하여 파리강화회의 한국대표부에 합류했다. 그는 이 파리강화회의에 한국의 독립 의지를 밝히기 위해 파견된 김규식 선생 등 한국대표단을 도우며 일제의 부당한 한국 강점을 알리는 팸플릿 등을 간행해 세계에 알렸다. 당시 파리는 종전 후 국제정세 논의의 중심지였다. 그는 대한민국임시정부 파리지원부의 서기장으로 임명되어 독립운동에 나선다.

　이 시기에 황 지사의 대표적인 업적은 한인 노동자의 구출과 그들의 이주 정착이었다. 1919년 10월 러시아 무르만스크 철도 공사장에서 일하던 한인 노동자 200여 명이 종전 후 북해를 거쳐 영국으로 흘러 들어오게 되자, 영국은 동맹국인 일본으로 이들을 송환하려 했다. 이미 조선이라는 나라는 없던 시기였다. 황 지사는 영국과 프랑스 정부를 상대로 필사적인 외교적 노력으로 35명을 구조하여 우여곡절 끝에 1919년 11월 11일 파리에 도착하게 했다. 이들을 쉬이프(Suippes, 파리 동쪽 차량으로 2시간 30분 거리)에 정착시키는 데에 성공했고, 한국인 국적으로 등록시켰다. 그중의 한 인사가 무명의 레지스탕스 홍재하(1892-1960)이다. 이들은 제1차 세계대전의 격전지 베르덩(Verdun)이 있는 마른(Marne) 지방의 벌판에서 시신과 유골을 수습하여 전사자 묘지를 조성하는 일로 생계를 유지했다. 그들은 그 적은 수입에서 갹출하여 독립운동 지원금으로 임시정부 파리지원부에 기부했다. 이 해가 프랑스 한인회의 시작이며, 유럽 한인 단체인 재법한국민회(在法韓國民會)의 시작이다(1919년 11월 19일).

　황 지사의 인터뷰와 세계대전 참전 기록 이외 독립운동 자료들이 최근 발견되어 공개되었는데, 그의 주 활동 무대였던 미국과 프랑스 언론의 논평과 인터뷰 기사들이 다수 포함되어 있다. 1919년 8월 25일자 〈뉴욕해럴드〉 인터뷰에는 '일본 계획은 분명 실패할 것이며 한국인들은 절대 독립운동을 멈추지 않을 것이다.'라는 기사가 있다. 그는 1920년 1월 파리 주재 한국선전단 선전

국장으로 불어 잡지를 창간하여 한국의 독립을 여러 나라에 호소했다. 이어 1920년 5월 10일 파리대표부를 런던으로 이전하여 구미지원부 런던 지부를 만들고, 그해 9월 임시정부의 런던위원부 위원으로 임명되어 프랑스와 영국을 오가는 외교 활동으로 일본의 침략 실상을 알렸다.

  1921년 4월부터는 임시정부 외교부 런던 주재 외교위원으로 활동하였고, 6월에는 영국이 개최한 대영제국수상회의에 참석한 외국 수상들에게 일본의 통치를 벗어나려는 조선 사람의 청원 인쇄물을 배부하는 등 파리위원부와 런던사무소의 실질적 책임자였다. 7월에는 임시정부 외교부 런던 주재 외교위원과 구미위원부에서 활약했다. 그는 1921년 8월 워싱턴 군축회의 참석을 준비해 달라는 이승만 당시 임시정부 대통령의 지시로 미국으로 되돌아왔으며 그후 약 일 년간 미국과 영국을 오가며 홍보 활동을 계속했다. 그는 유럽과 북미권에서 외교와 선전 활동으로 독립운동의 새로운 방향을 개척한 인물로 평가되고 있다.

  황 지사는 1923년 4월 18일 뉴욕에서 심장마비로 작고했다. 37세 젊은 나이였다. 사망 당시 미혼이었고 유족이 없었다. 거의 20여 년의 이국 생활에서 미국과 유럽을 오가며 독립운동에 삶을 바친 그는 결혼할 여유나 생각이 없었을 것이다. 아마도 동지들과 동포들이 뉴욕 퀸스 플러싱(Queens Flushing, 뉴욕 중심부 맨해튼에서 동쪽으로 약 20km 거리이며 코리아타운이 있음) 마운트 올리벳(Mount Olivet) 공동묘지에 묻었을 것이다. 세월이 흐르며 그를 아는 주변 인사들도 작고하며 그는 서서히 잊혀져 갔다.

우리 보훈처는 1995년 건국훈장 애국장을 추서했으나 그의 유해와 묘지의 행방을 전혀 몰랐다. 다행히 그의 이름이 뉴욕한인교회(미국에서 한인독립운동의 성지임)의 오랜 교인명부에 남아 있어 장철우 목사에 의해 2008년 그의 무덤이 발견되면서 세상에 알려졌다. 순국한 지 85년 만이었다. 장 목사와 교회 청년들이 그의 묘지를 찾는 데에 행정 구역 변동으로 이 년이 걸렸다. 을씨년스러운 공동묘지에서 높이가 50cm도 안 되는 작은 비석을 발견했다. 이 비석에는 '대한인 황긔환 지묘. 민국 오 년 사월 십팔일 영면'이라고 새겨져 있다. 민국 오 년은 임시정부 수립 오 년(1923)을 의미한다. 비석을 세운 동포들과 황 지사의 독립 염원이 담겨 있다.

  나는 컬러 사진으로 이 공동묘지와 황 지사의 작은 비석을 보며 답답함과 애처로움을 견디기 어려웠다. 아무도 돌보아 주지 않고 찾아주는 가족이나 후손도 없는 황량한 공동묘지에 묻힌 지 85년 만에 발견된 이런 상황을 이해할 수 없었다. 우리 후손들은 거의 한 세기 동안 무엇을 하고 있었나. 입버릇처럼 국민과 애국심을 외치는 지위 높은 인사들은 그동안 무엇을 했나.

  황 지사의 묘지는 2008년 발견 이후 2013년부터 국내로의 유해 봉환을 추진했다. 작고한 지 백 년 만에, 유해 봉환 작업을 시작한 지 십 년이 되어서야 고국으로 돌아왔다. 조국의 독립을 위해 헌신하다 이국땅에서 숨진 애국지사의 유해와 묘지를 발견하고서도 15년이나 걸려서. 고국을 떠난 지 119년 만이었다. 유해 봉환이 이렇게 오래 걸린 이유는 그의 유족이 없음이 큰 장애물이었다. 파묘는 미국 법원의 결정이 필요하고, 미국 뉴욕시 보건국으로부터의 한국 이장 승인이 어려워 유해 전달이 지연되었다.

그동안 잘 알려지지 않은 독립투사들의 외국에서의 삶과 활약상이 세상에 나와 다행이었다. 이국땅에서 치열하게 조국 독립을 위해 헌신한 황 지사의 영웅적 일생을 다시 되돌아본다. 요즘처럼 존경할만한 인물이 드문 시대에 그는 내게 많은 위로와 용기를 주고 있다. 순국한 지 백 년 만에 그의 유해가 고국으로 봉환되는 해외동포의 염원을 담아 기쁘다. 아직 유해나 묘지를 찾지 못하고 있는 애국지사들의 한을 풀어드리기를 간절히 염원한다. 황 지사처럼 잊혀진 독립운동가를 열심히 철저하게 조사하고 확인하여, 그들의 후손에게 국가 차원에서 또한 국민의 한 사람으로서 감사하고 보답함을 잊지 말아야겠다.

황 지사의 유해는 오늘 4월 10일 국내로 봉환되어 국립대전현충원에 안장되었다. 참으로 고맙고 영광스러운 일이 아닐 수 없다. 보훈처는 그를 금년 4월의 독립운동가로 선정했다.

• 에세이스트, 2023. 5-6.

무명의 레지스탕스
◦ 재불 독립운동가 홍재하

나라를 지키려는 애국심은 어떤 마음일까. 그 마음은 얼마나 깊고 간절하며 숭고할까. 일제강점기의 독립운동 지사를 보면 그 애국심의 깊이와 크기가 장대하여 끝이 보이지 않는 느낌이다. 내가 그 시대를 살았다면 얼마나 독립운동에 깊이 관여하며 적극적으로 헌신하였을까를 자문한다.

TV에서 임시정부 수립 100주년 특집 〈무명의 레지스탕스〉를 보며(2019년 8월 19일 첫 방송) 위대한 인물을 만나게 되었다. 홍재하(1892-1960)라는 독립운동가를 나는 전혀 몰랐다. 일제강점기의 독립운동 역사와 인물에 대해 꽤 알고 있다고 자부했는데 아니었다. 그는 사후 60년 만에 알려진 재불 독립운동가였다. 홍 지사의 유해가 사후 62년 만에 프랑스에서 한국으로 옮겨진다는 신문 기사(2022년 10월 17일 자)를 보며 나는 쾌재를 불렀다. 그해 11월 15일 국가보훈처는 인천국제공항에서 홍 지사의 유해 봉환식을 거행하고 국립대전현충원 독립운동가 묘역에 안장하였다.

홍 지사는 1892년 경기도 양평군 서종면 문호리에서 태어났다. 배재학당 재학 시절 독립운동에 가담하다 1913년 일제의 검거를 피해 만주를 거쳐 러시아 무르만스크로 건너갔다. 이곳에서 철도 노동자로 일하던 그와 한인들 35인은 대한민국 임시정부 파리위원부(대표 김규식)의 황기환*(1886-1923) 서기장의 도움으로 우여곡절 끝에 영국 에든버러를 거쳐 1919년, 프랑스에 도착했다.

유럽한인총연합회는 1919년을 유럽 한인 역사가 시작된 첫해로 하고 있다. 이들은 쉬이프(Suippes, 파리 동쪽 차량으로 2시간 30분 거리) 부근에 정착했다. 이곳은 제1차 세계대전 최대 격전지인 베르됭(Verdun) 인근으로 현재 재불 한국인들의 독립운동 정신이 깃든 역사적 장소이다. 그들은 이곳에 10여 년 거주하며 제1차 세계대전의 참호전 격전지였던 마른(Marne)에서 전사자 수습과 전후 복구 노동자로 일했다. 포탄을 해체하며 폐허가 됐던 마을을 복구하고, 참호 가득 쌓여 있던 병사들의 시신을 수습해서 장장 40km에 달하는 묘지를 만들었다.

그는 같은 해에 프랑스 한인회 시초이자 유럽의 최초 한인 단체인 재법한국민회(在法韓國民會)를 조직하였고 제2대 회장을 역임했다. 그는 복구사업에 참여한 한인들과 함께 노동으로 받은 임금의 일부를 모아 임시정부 파리위원부에 전달하며 독립운동을 지원했다. 1920년에는 유럽 지역의 한인들 50여 명을 모아 3.1운동 일주년 기념식을 개최하기도 했다. 그 얼마 되지 않는 임금을 갹출하여 독립운동 지원금으로 기부하는 정신과 자세를 나는 그 당시 상황에서 할 수 있었을까.

지난 1971년 한 일간지가 홍 지사의 프랑스 내 독립운동의 삶을 비교적 상세히 보도했으나 그 후 그의 공적을 조명하는 작업이 이루어지지 않았다. 파리 주재 한국대사관과도 진전되지 않았다. 임시정부 파리위원부에 독립자금을 대고, 3.1운동 정신을 프랑스에서 기리는 등 그의 존재와 활발한 독립운동 활약상을 최근까지도 모르고 있었다. 백여 년 전에 프랑스로 가서 임시정부를 도운 홍 지사의 삶의 궤적이 재불 동포들의 노력으로 사후 60년 만에 확인되었다는 기사가 연합 뉴스(2018년 10월 30일 자)에 의해 국내에 처음 알려졌다. 그의 둘째 아들(장자크 홍 푸안, 2023년 현재 81세)이 프랑스 북서부 브르타뉴(Bretagne)지방 생브리외(Saint-Brieuc)에 거주함도 확인되었다.

홍 지사는 1960년(68세) 암으로 타계했고 파리 근교 위성도시인 콜롱브(Colombes)의 시립공동묘지에 묻혀 있었다. 프랑스 여성과 결혼하여 2남 3녀를 두었으며 마지막까지 한국 국적을 포기하지 않았다. 해방 이후 1948년 장면 장택상 조병옥 정일형 모윤숙 김활란 등 당시 유엔총회 대표단도 그의 집을 다녀갔고, 한국전쟁 직후에도 많은 한국인이 방문하며 숙식하였다고 하는데 어찌 그의 존재가 그리 오랜 기간 알려지지 않았는지 이해할 수 없다. 프랑스에서 그의 도움과 신세를 진 유명 인사들은 도대체 그를 위해 무엇을 하였는지.

홍 지사에게는 2019년 광복절을 맞아 건국훈장 애족장이 추서되었다. 2019년은 임시정부 수립 100주년이며, 재불 한인 역사 100주년이었다. 그의 차남은 부친이 남긴 여러 서신과 임시정부 자료 등 독립운동 관련 일체의 유품 자료를 국사편찬위원회에 기증했다. 1943년도 사진에 둘째 아들을 안고 미소 짓는 신사복을 입은 홍 지사의 모습이 너무도 정겨웠다. 그의 아들은 한국을 향한 아버지의 사랑과 애국심을 이어갈 수 있게 돼 영광이라고 말했다. 그 아버지에 그 아들이 아닌가.

얼마나 고국을 그리워하며 돌아오고 싶었을까. 그는 1949년 한국에 생존해있던 부친의 도움으로 귀국하려 했으나 당시 귀국자금을 전달해 주기로 한 인물이 이 돈을 가로채는 바람에 기회를 놓쳤다 한다. 해방 이후의 극심한 혼란과 한국전쟁의 발발은 그의 귀국을 더욱 어렵게 했을 것이다. 특히 그가 죽기 전 1950년대 후반이라면 빈곤한 나라에서의 지원이 가능하지도 않았고, 해외에서 자비로 귀국 항공료를 마련하는 일이 얼마나 어려웠을지를 짐작하게 한다. 그는 눈을 감는 순간까지 돌아가지 못한 고국을 그리워했을 것이다. 아직도 우리가 알지 못하는 홍 지사 같은 분들이 해외에 적지 않을 것이다. 그분들의 조국 사랑이 있었기에 우리가 이 땅에서 편히 살고 있는게 아닐까. 무명의 애국지사들께 머리 숙여 무한한 존경과 고마움을 전하고 싶다.

• 한국산문, 2023. 4.

---

* 황기환 지사는 드라마〈미스터 션샤인〉의 유진 초이 역할의 모델이다. 1921년 미국으로 돌아와 임시정부 구미위원회에서 활동하다 1923년 뉴욕에서 병사했다. 1995년 건국훈장 애국장이 추서됐으나 사망 당시 미혼이었고 유족이 없어 아무 연고 없는 뉴욕 공동묘지에 묻혀 있었다. 그의 묘소는 사망한 지 85년이 지난 2008년에 발견되었다. 그의 순국 100년 만에 그의 유해가 귀환 된다는 기사(2023년 2월 1일 자)가 발표된 바 있다.

기쁜 마음의 궁전

2021년 3.1절에 즈음하여 우연히 '딜쿠샤'를 소개한 신문 기사를 접했다. 딜쿠샤는 일제 강점기인 1923년에 미국인 앨버트 테일러(1875-1948)의 가옥으로 지어진 건물인데 일반인들에게 공개한다는 내용이었다. 기사를 보기 전에는 딜쿠샤라는 용어조차도 들어본 적이 없었다. 딜쿠샤(Dilkusha)란 페르시아어로 '기쁜 마음', '이상향', '희망' 등을 뜻하는 단어로 인도의 딜쿠샤 궁전에서 따온 이름이라고 한다.

서대문 네거리에서 광화문 방향으로 넘어가는 언덕에 오르면 강북 삼성병원이 나온다. 거기서 왼쪽 오르막길로 들어서면 오른쪽에 돈의문(서대문)박물관 마을이 보이고 왼쪽 병원부지 안에 경교장이 있다. 길을 따라 더 언덕길을 오르면 작곡가 홍난파 가옥을 지난다. 이 언덕길 아래가 사직터널이며 승강기로 터널 서쪽 입구로 나오게 되어 독립문으로 연결된다. 이 좁은 도로의 오른쪽으로는 일반 주택이나 연립 주택이고, 과거의 골목길이 남아 있다. 왼쪽으로는 재개발된 고층 아파트의 밀집으로 시야를 완전히 차단하고 있다. 이런 역사적인 동네를 고층 아파트 단지로 가두어 놓은 도시 정책을 나는 이해할 수 없었다. 골목길 끄트머리 막다른 곳에 다다르면 붉은 벽돌 양옥 2층 건물인 딜쿠샤와 임진왜란 때에 행주대첩을 거둔 권율(1537-1599) 도원수 집터의 은행나무가 위용을 드러낸다. 수령이 470여 년이나 되는 이 나무의 높이는 24m, 둘레는 680cm 되는 거목이다.

앨버트는 평안북도 운산 금광산의 기술자였던 아버지(조지 테일러)를 따라 1897년 조선에 들어와 광산업과 상업에 종사했다. 그는 연합통신 통신원으로도 활동하며 1919년 고종의 국장과 3.1운동, 제암리 학살 사건 등을 취재하여 전 세계에 알렸다. 이로 인해 일본 강점기 내내 일제의 감시 대상이 되었고, 6개월 동안 서대문 형무소에 투옥되기도 했다. 이후 태평양전쟁의 발발과 함께 테일러 부부는 1942년 조선총독부에 의해 미국으로 강제 추방된다. 1945년 해방 이후 앨버트는 그가 사랑하는 한국으로 돌아와 살기를 소망했지만, 1948년 6월 캘리포니아에서 심장마비로 사망했다. 그는 평소에 자신의 유골을 양화진 외국인 선교사 묘원에 있는 아버지 무덤 옆에 묻어 달라는 유언을 남겼다고 한다. 부인 메리 여사는 1948년 9월 인천으로 입국하여 남편 앨버트의 유해를 그의 부친 묘 옆에 안치했다. 나는 지난 2021년 6월 하순 양화진 외국인 묘역을 답사하며 테일러 부자의 비석과 무덤을 확인할 수 있었다.

딜쿠샤는 1963년 국가 소유가 되었으나 정부의 방치로 주민들이 공동주택으로 사용하면서 본래 모습이 많이 훼손되었다. 자칫 그대로 묻혀 버릴뻔한 이 건물이 세상에 알려진 것은 앨버트 테일러의 유일한 아들 브루스 테일러가 2006년에 딜쿠샤를 다시 찾으면서였다. 서울시는 2016년부터 딜쿠샤의 복원사업을 진행하였고 2021년 3.1운동 102주년 기념일을 맞으며 일반인들에게 공개하였다.

딜쿠샤에 들어서면 1층과 2층의 거실이 방문객을 맞는다. 건물의 역사, 테일러 부부의 결혼과 조선 입국에 대한 사연과 테일러 부부를 소개하고 있다. 부인 메리의 호박 목걸이와의 인연이며 테일러 가족의 한국에서의 생활, 금 광산과 테일러 상회에 대한 것도 보인다. 부인 메리가 그린 그림을 통하여 조선 풍경과 당대 사람들을 볼 수 있는 것도 흥미롭다. 또한 일제의 테일러 부부 강제 추방과 해방 후 테일러의 미국에서의 사망과 한국 재입국 사연, 유해의 양화진 묘역 안치 등에 대한 자료도 볼 수 있다. 다시 세상에 알려진 딜쿠샤와 더불어 연합통신 통신원 앨버트 테일러의 3.1 독립선언서의 해외 타전과 기사 자료들과 사진도 전시되어 있다. 그 밖에도 제암리 학살 사건 취재, 딜쿠샤의 복원, 딜쿠샤 건축과 벽돌 쌓기의 특징이나 딜쿠샤 역사 영상실 등 많은 문헌과 기사와 사진 자료들이 전시되어 있어 보는 이들의 관심을 끌어모은다.

세상에 알려진 딜쿠샤 가문의 스토리를 들어보자.

서일대학교 김익상 교수는 앨버트 테일러의 유일한 아들 브루스 테일러의 지인으로서 2005년 브루스의 의뢰로 그가 어린 시절 살던 집을 찾기 시작했다고 한다. 일제 강점기의 지명만으로 집의 위치를 가늠해야 했기 때문에 딜쿠샤를 찾는 데 약 2개월이 걸렸다. 그 과정에서 주민들의 공동 거주로 인해 장독대로 가려진 정초석 '딜쿠샤 1923'이 다행히 발견되었다. 브루스는 아내 조이스 필스와 딸 제니퍼 테일러와 함께 2006년 딜쿠샤를 방문하여 이곳이 자신이 어린 시절 부모님과 함께 살던 곳임을 확인하였다. 1942년 한국을 떠난 지 64년 만의 귀향이었다. 그는 딜쿠샤가 보존되어 집이 없는 주민들의 안식처가 되었다는 사실에 감사했다. 2015년 브루스가 세상을 떠난 후 딸 제니퍼는 2016년부터 2018년까지 2년에 걸쳐 테일러 가문의 자료와 고가의 유물 등 1,026건을 서울역사박물관에 기증하였다. 이로써 테일러 일가의 한국을 사랑한 이야기와 딜쿠샤가 세상에 알려지게 되었다.

딜쿠샤를 통해 테일러 가문의 4대에 걸친 한국과 관련된 생애를 보면서 만감이 교차했다. 만약 내가 일제 강점기에 살았다면 나는 어떤 모습으로 살아갔을까. 나라를 위해 자신을 바치며 독립운동에까지 일조하는 삶으로 일관할 수 있었을지 생각이 꼬리를 문다. 한국을 헌신적으로 돕고 사랑했던 벽안의 이방인인 테일러 가족들에게 숙연한 마음으로 감사드린다. 테일러 가족과 자손은 얼마나 헌신적으로 한국을 사랑했는지 한국인인 내가 오히려 부끄러울 정도이다. 입만 열면 애국심이니 국민을 위한다느니 하는 내로남불 형 인사들이 적지 않은 시기라 그런지 그는 내게 큰 울림과 감동을 안겨주었다.

• 계간현대수필 가을호, 2023

외국 여행

젊은 날의 런던 이야기

내 인생에 외로운 시절이 언제였나 생각해 보면 영국 런던 시절이 떠오른다. 나는 삼십 대 중반 런던 임페리얼칼리지(Imperial College)에서 일 년간 박사 후 연구 생활을 하며 가족과 떨어져 생활했다. 그 시절 주중에는 대학 구내에서 점심과 저녁 식사를 때우곤 하였다. 저녁 늦게 숙소로 돌아와 방문을 열면 혼자 사는 방의 묘한 냄새와 진한 외로움이 느껴졌다.

대학 내에 한국인은 나까지 모두 세 명이었다. 나만 외톨이고 두 명은 다른 전공 분야의 박사과정 학생으로서 가족과 함께였다. 우리 세 명은 비슷한 또래였다. 주중에는 연구실에서 우리 말을 할 기회가 전혀 없었고 꿈도 영어로 꾸던 때였다. 금요일 저녁이면 대학 부근의 펍(pub)에서 세 명이 함께 만나 우리말로 마음껏 떠드는 유일한 시간이었다.

런던에서 보낸 첫 초겨울에 지독한 감기에 걸렸다. 지은 지 백 년도 넘은 숙소(J 하우스)의 높은 천정과 불량한 난방 시설은 참으로 으스스했다. 그 기운이 외로운 마음을 타고 들어왔나 보다. 한국에선 감기에 잘 걸리지도 않았는데 목소리까지 심하게 잠긴 지독한 감기였다. 같은 연구실의 영국인 동료가 조언해준 레몬 가루(레몬십) 치료법으로 십여 일 만에 겨우 회복되었지만 그때의 외로움은 지금도 잊히지 않는다.

주말이면 빨래도 하고 일주일 분의 간단한 장보기를 했다. 그래도 시간이 남아 허전하고 우울해지면 숙소 주변을 산책하거나 조깅을 하였다. 토요일이나 일요일에 가족과 함께 사는 유학생이나 현지 교민의 식사 초대를 받아 한국 음식을 대접받게 되면 그리 기쁠 수가 없었다.

일요일이면 나는 킹스크로스(King's Cross)역 부근 한인교회에 매주 참석했다. 원래 영국 교회인데 주일에만 빌려 이용하는 교회로 젊은 유학생 목사님이 시무하였다. 매주 출석 교인 수는 한국인 이십여 명이 조금 넘는 작은 교회였다. 이 교회에서는 매 주일 예배를 마친 후 점심을 제공했다. 런던에서 가족이 함께 거주하는 유학생이나 교민 또는 회사 런던 지점에 근무하는 가족이 준비해 온 한식을 대접하곤 했다. 각 집에서 반찬 한 접시씩을 가져오고 교회에서 따뜻한 쌀밥을 준비하여 뷔페식으로 점심을 대접했다. 나와 같이 혼자 있는 유학생이나 독신자들은 무료로 매주 한식을 즐기는 시간이었다. 이 한인교회에서는 젊은 남녀의 결혼예식을 준비해 준 적도 있다. 신랑은 한인 회사의 런던 지점에 근무하는 총각이어서 결혼식 전날 밤은 한국에서 온 신부를 처음 뵙는 교인 집에서 재워 주기도 했다. 나는 지금도 '런던' 하면 이 젊은 목사님 부부와 교인들의 친절한 점심 봉사를 떠올린다. 한결같이 이웃에게 베풀던 그분들을 나는 평생 잊지 못할 것이다.

어느 주일이었다. 점심을 마치고 돌아오는 길이었다. 젊은 남자 교인 한 분이 동행하면서 내게 뜻밖의 말을 했다. 자기 회사에 근무하는 얌전하고 참한 젊은 한국 여성이 있는데 한번 만나 교제해 보지 않겠느냐는 제안이었다. 그는 내가 서울대학교의 젊은 조교수인데 연구차 일 년 런던에 나와 있다는 소개를 들었을 것이다. 아마도 매주 혼자 출석하는 나를 총각으로 알았던 것 같았다. 내가 얼마나 외로워 보였으면 이런 제안을 했을까 민망했다. 나는 서울에 어린 아들과 딸이 있는 가장이라고 말씀드리며 고맙다고 인사를 했다. 다음부터는 내 소문이 났는지 이런 제안은 더 이상 들어오지 않았다.

가족과의 소통은 국제통화료가 비싸 엄두도 못 내고 가장 저렴한 국제봉함엽서로 연락했다. 내 봉함엽서를 받은 가족이 즉시 답장을 보내도 보통 삼 주 후에야 소식을 접할 수 있었다. 주중의 생활은 대부분 연구실과 실험실에서 보내는 생활이었다. 일 년 체류 동안 장학금과 연구비 지원으로 주머니가 넉넉한 편이라 내 일생에 가장 많은 전공 분야 원서를 런던, 옥스퍼드, 케임브리지 대학 서점에서 살 수 있었다.

내 인생에서 런던에서의 외로운 시절이 없었다면 지난 32년간의 교수 생활이 원만했을까 회고해 본다. 지금은 그 외로움을 극복하며 연구에 몰두하던 젊은 시절이 새롭다. 그 시기에 연구실 교수님과 동료로부터 새로이 발전하는 전공 분야의 연구 방법과 전공지식의 습득, 아이디어 창출과 집중력을 배웠고 이것이 교수 생활의 밑거름이 되었다. 런던에서의 외로웠던 삼십 대 중반 그 시절이 내 전공 분야의 성장기였고, 경제적으로나 건강상으로나 내 인생의 푸른 시절이었다.

• 한국산문, 2022. 12.

'주데텐' 바로 알기

오스트리아 비엔나를 방문했을 때였다.

오랜 기간 국제공동연구 파트너였던 S 박사의 안내로 오스트리아-체코 국경 부근 마을인 니더줄쯔(Niedersulz)의 민속박물관을 방문하였다. 이 마을은 비엔나에서 북쪽으로 약 50km 떨어져 있고, 주도인 미스텔바흐(Mistelbach) 부근이며 지형이 낮은 전원 경작 지역이었다. 우리의 민속촌과 유사한 이 박물관에서는 야외에 지역 주민들의 생활과 가옥을 실물 그대로 보여주고 있다.

이 박물관에서 주민들의 거주 환경, 교회, 인쇄소, 농장 등을 관람하던 중 S 박사가 이 지역 주민이 가져온 빨간 겉장의 소책자를 보여주었다. 책의 제목은 『주데텐 독일 지옥(Sudeten German Inferno)』이고 저자는 인고마르 푸스트(Ingomar Pust)였다. 부제는 '1945/1946 체코에 거주하던 이방인 독일인들의 망가진 비극'이었다. 흑백사진이 포함된 190쪽의 인쇄 상태가 좋지 않은 복사본으로 보이는 책이었다. 내용은 영어로 씌어 있고 책값은 10유로였다. 나는 S 박사의 구입할 만한 가치가 있다는 추천으로 선뜻 구입했다. 그동안 비엔나를 10회 이상 방문하였음에도 불구하고 주데텐(Sudeten)이라는 용어는 처음이었다. 주데텐은 과거 체코 보헤미아(Bohemia) 지방과 모라비아-실레지아(Moravia-Silesia) 지방의 국경 지역을 의미한다.

주데텐 지역은 체코 면적의 약 2/3를 차지하는 보헤미아 지방의 북부와 서부 남부 경계에 위치하며 독일, 오스트리아, 폴란드와 국경을 접하고 있다. 주로 산악(주데텐 산맥)지역이며 1918-38년 기간에는 체코의 전반적인 경제침체에도 불구하고, 주데텐지역은 수출 위주의 유리 섬유, 제지, 장난감 제조 산업으로 발달되었고, 종업원의 약 70%가 독일어를 모국어로 쓰는 사람들이었다.

주데텐지역은 원래 독일 영토였다. 제1차 세계대전의 전쟁 책임 국가인 독일의 영토를 축소하여 국력을 약화시키려고(1919년 베르사유 조약), 인구 대부분이 독일인임에도 불구하고 체코로 편입되었고 독일과 체코의 끊임없는 불화의 진원지였다. 영토 확장을 노리던 히틀러는 뮌헨회담(1938년 9월, 당시 유럽의 4대 강대국인 프랑스, 영국, 독일, 이탈리아의 정상회담, 당사국인 체코와 소련은 제외됨)에서 주데텐 지역의 독일인 보호 명목으로 주데텐지역의 반환을 요구하였다. 영국의 체임벌린 수상(1937-40 재위)은 나치 독일의 침략 전쟁을 피하려는 유화정책으로 주데텐지역의 독일 합병을 조인하였다. 그는 대화를 추구한 평화론자로서 이상적인 외교적 방법으로 최악인 전쟁만은 피하자는 생각이었으며, 히틀러나 무솔리니 전체주의자들을 유화시키고자 하였다. 오스트리아를 이미 병합(1938. 3.)한 히틀러는 주데텐지역을 돌려받고 일 년도 안 되어 폴란드를 침공함으로써 제2차 세계대전(1939. 9.)을 발발했다. 독일과 영국 사이에는 절대로 전쟁이 없을 것이라고 조인한 문서는 역사상 악명 높은 거짓 문서였다. 이 조인에 서명한 순진한 평화주의자인 영국 체임벌린 수상은 치욕 속에 수상을 사임하였고 (1940), 사임한 지 6개월 후에 병사했다. 이러한 시대적 배경을 소설화한 작품이 가즈오 이시구로(재영국 일본인)의 『남아있는 나날』 (1989)이며 이 작가는 2017년 노벨문학상을 수상했다.

히틀러는 정상회담에서의 평화협정을 파기하고 전쟁을 도발하는 믿을 수 없는 광기의 전체주의 지도자였다. 히틀러의 지원을 받던 주데텐독일당은 극단적 민족주의자로서 이미 히틀러의 제5열이었으며 체코 내에서의 독일인 자치를 요구하며 '3제국(독일)의 품안으로'가 구호였다. 제2차 세계대전이 끝난 1945년 주데텐지역이 체코에 반환되자, 강력한 공산국가로 전환한 민족의식이 강한 체코는 주데텐 독일인을 국외 특히 독일 각지로 강제 추방하였다. 그들은 오늘날에도 여전히 강한 결속력을 보이면서 오스트리아와 독일 각지에서 제전을 열고 있다.

평소에 나는 나치 독일의 유대인과 집시 또는 동유럽 주민들의 학살과 반인간적 행위만 알고 있었는데, 제2차 세계대전 직후의 주데텐지역에서 살던 독일인들의 고초와 추방과 고난은 처음 알게 된 역사적 사실이었다. 주데텐지역에서 수백 년간 정착해온 독일인들이 린치를 당하고 강제로 추방된 역사의 아이러니를 처음 알게 되었다. 미술가가 되기를 꿈꾼 히틀러가 젊은 시절 원하던 예술학교에 합격하여 미술가가 되었더라면 나치 독일이나 제2차 세계대전 발발은 없었을 텐데 하는 가정을 한 적이 있다. 뮌헨회담에서 영국이나 프랑스의 독일에 대한 유화 정책은 대표적인 정상회담의 실패 예로 알려져 있다. 주데텐지역의 극단적 민족주의자들의 선동으로 나치 독일에 자진 합병되어 체코인들의 분노를 사지 않았다면, 오랜 기간 살아온 주데텐 고향에서 추방되지도 않았을 터이고 고통도 받지 않았을 터인데 하는 상상을 하여 본다.

• 아시아문예 겨울호, 2023

오슬로에서 김 씨 찾기

내 평생의 인연이라 일컫는 HS 교수님을 서울에서 1979년 여름 처음 만났다.

그는 당시 일본 도쿄대학의 조교수로서 40대 초반이었으나 이미 전공 분야에서 국제적 수준에 올라있는 연구자였다. 나는 그해 2월 모교에서 공학박사 학위를 마친 때였고, 그의 한일 공동연구에 내가 한국 측 연구원으로 추천되면서 그와의 인연이 시작되었다. 나는 한 달간 우리나라에 머무는 그와 함께 화강암 분포지역과 관련 광화작용 연구를 목적으로 현장 지질답사를 했다. 내가 모교의 조교수로 임명되기 직전에 HS 교수 연구실에서 1980년도에 박사후 연구 생활을 했다. 그는 현재 일본 도쿄대학 명예교수로서 80대 중반이다. 도쿄에서의 마지막 대면이 2016년 12월이나 여전히 연락하고 있으니 40년이 훨씬 넘는 인연이다.

나는 그와 함께 스웨덴과 노르웨이에서 개최된 국제심포지엄에 참석한 적이 있다. 내가 부교수 시절인 1986년 8월 중하순 스웨덴 북부 연안 도시 룰레오[Lulea, 북위 65도와 북극권(66도 32분 35초) 사이]에서 심포지엄을 마치고, 노르웨이 오슬로로 이동하여 5

일간의 현장 지질답사에 동행했다. 심포지엄 조직위원회에서 예약한 집합 장소인 오슬로 P호텔에서 하루를 묵고 총 18명(프랑스, 스웨덴, 미국, 체코, 중국, 일본, 한국, 노르웨이, 덴마크 대표)이 두 대의 봉고차에 나누어 타고 답사가 시작되었다.

나와 HS 교수는 지질답사 후 묵을 숙소를 오슬로에서 출발 전에 예약하여야 했다. 나는 오슬로가 초행이어서 이곳에 거주하는 한국인에게 부탁하려고 먼저 전화번호부에서 김(Kim)씨 성을 찾아 전화했다. HS 교수는 놀라며 '일본인은 모르는 사람에게 절대 전화 부탁을 못 한다'며 만류했으나 나는 '한국인은 다르니 걱정 안 해도 된다' 했다. 나는 전화 받는 상대방이 이북 사투리를 쓰면 통화를 중단하고(오슬로에는 북한대사관이 있었음), 서울 말씨나 경상도 또는 호남 사투리를 쓰면 숙소 예약을 부탁하려 했다. 처음 통화한 서울 말씨의 남자는 본인도 오슬로를 잘 모른다며 숙소 예약 부탁을 들어줄 수 없다 했다.

두 번째 통화 상대는 경상도 말씨를 쓰는 여성이었다. 숙소 예약을 부탁하자 그쪽에서 먼저 나를 우선 대면하자 했다. 그분 덕택으로 답사 후의 숙소 예약 문제는 해결되었다. 그녀는 내 또래의 E대 출신으로 북유럽에서 디자인을 전공하는 분이었다. 1980년대 중반 이미 이곳 북유럽에서 디자인 공부차 유학을 왔으니 보통 여성이 아니었다. 그후 그녀가 핀란드 외교관 남성과 결혼하였다는 소식을 들었고, 북구에서의 디자인 유학 관련 여행기를 출판하여 내게 한 권을 보내주었다.

오슬로 주변 지질답사에서 잊히지 않는 기억이 있다. 답사는 오슬로 주변의 화강암 분포지대와 스카른(석회암 지역에 화강암의 관입으로 형성된 접촉변성암이며 이곳에 금속 광상의 형성이 잘 이루어짐) 분포지대의 금속 광산 답사였다. 하루는 오슬로에서 남서쪽으로 약 40km 떨어진 드람멘(Drammen) 지방에서 연-아연 광산의 갱내와 야외 지질답사를 할 때였다. 특히 그날 저녁에는 드람멘 시장이 답사에 참가한 우리 모두를 초청하여 만찬을 베풀었다. 드람멘에서의 다음 날(8월 28일) 아침 신문에 나의 광산 갱내 관찰하는 모습이 게재되었다. 기사 내용은 이곳에 한국인 방문이 처음이라 했다. 외국 신문에 내 모습이 나온 것은 이때가 처음이었다.

   스웨덴 룰레오에서의 심포지엄은 8월 중하순에 개최되었는데도 이미 추운 가을 날씨여서 폴라 스웨터를 입고 지낸 기억이 있다. 오슬로에서는 택시 기사 면허를 따기 위해서는 영어시험에 통과해야 해서 기사들이 영어 회화가 가능함을 알게 되었다. 오슬로의 한 언덕에서 바라본 시내 모습은 마치 한 폭의 작은 그림 같은 풍경이었다. 그 이후 36년이나 지났으나 내겐 오슬로를 다시 방문할 기회는 오지 않고 있다. 내가 살아생전에 HS 교수와 함께 그곳을 방문할 기회가 다시 올까 간절히 염원해 본다.

• 리더스에세이 신년호, 2023

영국 왕립광산학교

사십여 년 전 영국 런던에서 왕립광산학교(RSM, Royal School of Mines) 연구실에 첫 등교 하던 날이다. 당시 140년 이상 된 흰색의 오 층 석재건물과 현관 벽에 부착된 오래된 철제 학과명패들이 특별히 기억난다.

한국과학재단과 영국문화원의 지원을 받아 런던 임페리얼 칼리지(IC, Imperial College)의 왕립광산학교에서 일 년간 박사후 연구 생활을 했다. 왕립광산학교는 1841년에 문을 열었고, 1907년에 임페리얼 칼리지에 통합되었다. 임페리얼 칼리지는 과학과 공학 전공의 명문대학이며 유럽의 MIT라고 알려져 있다. 영국에서 왕립(Royal)이라는 용어는 국왕을 위해 봉직하거나 국왕의 후원을 받는 조직이나 기관 이름에 쓰이며 최고를 의미한다.

내가 체류할 때는 왕립광산학교에 광산공학(자원공학), 지질학, 광물처리공학 등 세 학과가 있었다. 내 연구실은 4층이었는데 건물의 복도가 나무 마루여서 걸을 때면 삐걱 소리를 내곤 했다. 런던에서는 백 년 이상 된 빌딩이나 주택이 허다하다. 내부 수리는 가능하나 건물의 재건축은 도시보전 때문에 어렵다고 들었다.

연구실 북향 창문으로 내려다보면 바로 앞에 로열 알버트 홀 (Royal Albert Hall)과 하이드 파크가 있다. 늦은 오후 홀에서 음악 공연이 있을 때면 우아하게 정장한 남녀 관객들이 보이곤 했으나 나는 한 번도 이곳에서 공연을 관람한 적은 없었다. 왕립광산학교 바로 남쪽에 지질박물관과 자연사박물관이 있어 나는 단골 방문자였고, 나를 찾아오는 지인들에게도 즐겨 이곳을 안내하였다. 이 대단한 박물관 입장이 무료여서 처음에 놀라고, 대단한 전시품을 관람하며 감탄하곤 했다.

방문 첫 이 주간은 장기 체류 숙소에 입주 전이어서 하이드 파크 북쪽 편에 있는 숙소에서 출근했다. 이 숙소 주인 남자는 그리스인이고 부인은 한국인이었다. 그들은 내가 런던에서 처음 만난 국제결혼 부부였다. 런던에 혼자 나와 연구 생활하는 나를 기특해하며 친절을 베풀던 두 분을 잊지 못한다.

하이드 파크 안의 남쪽 방향 산책길을 따라 걸으면 숙소에서 연구실까지 약 20분 거리이다. 10월의 어느 맑은 날 아침 출근길에 파크 길에서 한국인 여성 단체관광객 서너 분을 우연히 만나 반가워서 아침 인사를 건네었다. 이분들도 한국인 청년을 만나 매우 반가워했고, 내가 대학 연구실로 출근 중이라고 하자 대견해했다. 내가 그날 오전 출근 시간을 좀 늦추고 그들에게 대학 주변을 안내해 주었더라면 좋았을 텐데, 미처 그런 배려를 하지 못하고 지나친 것이 지금도 아쉬움으로 남는다. 그 당시만 해도 해외여행이 쉽지 않았고 더욱이 하이드 파크에서 이른 아침에 한국인 여행객을 만나는 경우는 매우 드문 일이기도 했다.

내가 연구 생활을 이 학교로 선정한 이유는 응용지구화학연구그룹이 있어서였다. 이 연구그룹은 Webb 교수(1921-2007)가 1954년 처음 설립하였다. 그는 현대 응용지구화학 분야의 선구자였다. 세계 최초로 잉글랜드와 웨일즈의 광역지구화학지도를 1978년에 완성함으로써 광물 탐사와 환경오염 연구의 새 장을 연 영국지구화학지도의 아버지였다. 나는 영국 유학 전후에도 모교 3학년 학생들의 전공필수과목인 응용지구화학(3학점)을 강의하며 Webb 교수의 저서를 원서 교재로 활용했다.

지도교수는 나보다 몇 살 많은 H 박사로서 시니어 강사(senior lecturer)였다. 영국 대학에서는 교수 직위 순서가 강사, 시니어 강사, 리더(reader), 교수(professor)이다. 교수 이외 나머지는 박사라고 호칭한다. H 박사는 전형적인 영국 신사여서 서로 곧 가까워졌고 내 연구 활동을 독려해 주곤 했다. 영국의 대학은 다른 나라와 달리 방문연구자에게 연구실 사용료(bench fee)를 부과함이 특이한데, 다행히 영국문화원이 이 비용을 지원해 주었다.

내 전공 분야의 세계 최고 연구그룹에서 연구하게 되었다는 만족감과 기쁨이 나를 들뜨게 한 기억이 난다. 더욱이 그때는 삼십 대 초반의 건강하고 자유로운 시절이었고 체재비 지원으로 만족감이 높았다. 틈틈이 영국의 여러 지방과 유럽 지역을 방문해 보겠다는 계획과 실행은 나를 더욱 기쁘게 했다. 지금도 나는 주저 없이 비싼 전공 분야 원서들을 사보던 그때가 그립다.

내가 체류하던 때인 1983년 4월 Webb 교수의 정년 퇴임과 공적을 기념하여 '1980년대의 응용지구화학'이라는 심포지엄이 개최되었다. 이 분야의 세계 거물 학자들인 그의 제자들과 연구 동료들이 발표하던 자리였다. 이 심포지엄에서 나는 처음으로 응용지구화학 분야가 기존의 지구화학탐사뿐만 아니라 환경지구화학 분야가 새로이 발전하고 있음을 알게 되었다.

이 그룹에서 환경지구화학 분야의 교육과 연구를 습득한 기회는 내게 교수 생활의 큰 밑바탕이 되었다. 귀국 후 국내에서 처음으로 모교 자원공학과 학사과정 4학년에 환경지구화학 교과목을 개설하고 강의와 연구를 시작했다. 환경 분야 중 특히 폐광된 금속 광산과 석탄 광산 주변 지역의 중금속 오염 연구를 시작으로 산업단지와 도시 환경의 중금속 오염과 복원 연구를 시작하며 석박사 학위자를 배출하며 이 분야를 국제적 수준으로 발전시킬 수 있었다.

런던에서 돌아온 이후 삼십여 년간 모교에 재직하면서 공동 연구로 또는 학회 참석으로 십여 차례 이상 이 왕립학교를 방문했다. 특히 영국문화원의 지원으로 연구실 제자들을 이곳에 유학시키며 보람을 느끼기도 했다. 나는 이런 면에서 영국문화원과 왕립광산학교에 여전히 감사하고 있다.

지난 2012년 1월이 나의 마지막 방문이었다. 사십여 년 전 왕립광산학교에서 보낸 일 년은 자칭 '내 인생의 푸른 시절'이었다.

앞으로 나에게 가슴 설레는 이런 귀중한 방문 기회가 다시 올 수 있을까.

• 한국산문, 2024. 7.

마우스 버닝

 마우스 버닝(mouth burning)은 영어 뜻 그대로 입안에 불이 붙었다는 질병이다.
 십여 년 전 신년 초에 스페인 남부 안달루시아지방을 여행할 때 생전 처음 마우스 버닝에 걸렸다. 영국 런던에서 유학 중인 아들과 함께 지중해 연안 항구 도시 말라가(Malaga)에서 승용차를 빌려 말라가-론다-세비야-코르도바-그라나다-말라가로 돌아오는 일 주간의 여행이었다.
 런던에서 말라가 숙소에 도착하자 저녁 식사 시간이 되었는데, 입안이 따갑고 건조함을 느끼며 빨간 점들이 많이 돋아나 있었다. 인터넷 검색을 해보니 마우스 버닝이라 한다. 생전 처음 겪어보는 입안 증상이고 한 번도 걸려 본 적이 없었다.
 마우스 버닝은 '구강 작열 증후군(버닝 마우스 신드롬)'이라 한다. 이 병은 원인 모르게 입안에서 화끈거리거나 따끔거림, 미각 변화, 감각 이상 등의 증상이 나타나는 경우라고 정의한다. 입에서 타는 듯한 느낌, 마른 입, 갈증 증가, 맛의 손실, 쓴맛 또는 금속성

맛, 인후염 증상이다.

내게 이것이 발병한 원인이 무얼까 생각했다. 한국에서 출발, 런던에 도착하여 아들 숙소에서 일박 후 새벽 시간에 말라가로 날아왔으니 피곤할 만도 했다. 이런 여행이 하루 이틀인가. 런던-말라가 비행 구간 중 기내에서 마신 냉수가 미심쩍었다. 비행 중 목이 말라 기내 뒤편으로 가서 승무원에게 물을 청하자 가장 뒷좌석 선반에 있는 물통(회색의 마치 납 통 같은)에서 찬물을 받아 주었다. 입안이 붉은 점으로 부어오르고 입맛이 완전히 없어져서 음식 섭취가 어려웠다. 나는 오렌지 과일과 주스로 영양을 보충했다.

나는 초등학교 입학 전까지 약골이어서 온갖 병치레를 했다고 한다. 내 기억에 초등학교 입학 후 소년 시절부터 지금까지 하루라도 입원하여 진단하고 치료를 받은 적은 없다. 내 체격은 보통이고, 체력이 뛰어나지도 않다. 다만 나름 참을성과 끈기가 강하다고 자부한다. 매일 맨손체조를 한다든지 만 보 걷기를 꾸준히 한다든지 등이다. 양치 후나 취침 전 목젖까지 소금물로 가글을 열심히 하며, 매일 아침 레몬 과일 조각(레몬 한 개를 팔등 분한) 두 쪽을 먹는 습관이 있다. 영양제 복용이나 특별한 영양식 섭취를 하지 않는다. 그 덕택인가 독감이나 코로나로 고생을 한 적이 없다. 내가 할 수 없는 일은 거의 없어 하며 낙관적으로 생각한다. 십여 년 전부터는 수필 쓰기에 흥미를 붙이고 자주 문예지에 투고하고 있으나 그렇다고 전념하는 건 아니다. 무리하지 않으려고 의식적으로 노력한다.

마우스 버닝이라는 질병에 처음 걸리고는 당황했다. 하필이면 어떻게 입안에 이런 질병에 걸렸지, 뭐가 잘못된 건가 했다. 다행히 아들에게 전염되지는 않았다. 유럽인들이 휴가 중에 가장 가보고 싶어 하는 명소 중의 하나가 안달루시아지방이라는데, 이곳까지 와서 이런 낭패라니. 여행 경비나 매일매일의 일정 제약으로 이 먼 곳까지 오기가 내겐 만만치 않다. 연초부터 이렇게 재수가 없나, 무엇이 잘못되었나 하는 약간 비관적인 생각이 들기도 했다. 다행히 통증이 심하지는 않았다. 다만 여행의 즐거움이 줄어들며 거북하다는 느낌이 계속 따라다녔다.

백두산 천지 등정에 네 번 올라서 세 번이나 천지의 장엄함을 즐길 정도로 운이 좋은 편인데 이게 무슨 불운인가 했다. 그러면서도 말라가에서의 피카소 생가와 미술관, 론다의 누에보 다리, 세비야의 대성당과 골목 산책, 코르도바에서의 로마교와 메스키타 대성당과 유대인 동네, 그라나다의 알함브라궁전 등을 열심히 돌아보고 사진 찍고 메모하며 부지런히 움직였다. 도시 자체가 유네스코 세계문화유산인 이곳이 얼마나 오기 힘든 곳인가. 관광에 몰두하니 마우스 버닝은 잠시 잊을 만했다.

이후 여행에서 돌아와 이비인후과 의사인 고교 친구의 진단과 추천해 준 조제약으로 완치되었다. 지금도 안달루시아지방 하면 다시 가보고 싶고 그 병이 떠오른다.

• 그린에세이, 2024.3-4.

노리치와 나의 푸른 시절

삼십 대 중반 조교수 시절, 영국문화원 오리엔테이션을 영국 노리치(Norwich)에서 받은 적이 있다. 당시 나는 서울의 영국문화원에 일 년간 연구비 지원 신청을 했었다. 영국문화원 펠로우십(Fellowship)이라 불리는 연구비 지원 프로그램에서 그 해는 한국인 세 명을 선정했다. 이 프로그램에 선정된 스칼라(scholar, 영국문화원이 부르는 명칭)는 일 년간 영국에서의 체재비, 연구활동비와 연구실 사용료(bench fee)를 지원받았다. 경쟁률이 대단했고 오전 오후 종일 영어시험을 치렀다. 마지막 시험이 영어 에세이 작성이었는데 운이 좋게도 에세이 주제가 '오염(pollution)'이었다. 내겐 매우 익숙한 주제였다. 나는 이미 런던 임페리얼 칼리지(Imperial College)에서 일 년간 박사 후 방문 연구를 승인받은 때였다. 아마도 영국이 자랑하는 대학에서 이미 받은 연구 체류 승낙이 합격의 한 요인이었을 것이라고 자부했다.

영국에 도착하면 영국문화원이 지정하는 언어 학교에서 4주간 오리엔테이션을 받아야 했다. 세계 여러 나라의 영국문화원에서 선발된 스칼라들이 영국 생활에 적응하는 훈련이었다. 주중에는 영어 회화와 글쓰기, 주말에는 주변 관광, 연극과 축구 경기 관람, 대학교 방문 등의 특별활동이 있었다. 숙소는 영국인 집에 하숙으로 침식을 제공받았다.

노리치는 런던에서 북동쪽으로 160km 떨어진 북해 연안에 있으며, 중세시대부터 산업혁명 때까지는 런던 다음으로 큰 도시였다. 주변에 명문 케임브리지, 이스트 앵글리아(East Anglia) 대학교가 있다. 노리치 시티 프로 축구팀으로 잘 알려진 노리치 시내에는 대성당이 있으며, 2012년에는 영국 최초로 유네스코 문학 도시로 지정되었다.

런던에 8월 초에 도착하여 나 홀로 노리치로 가던 초행길이 기억난다. 런던 영국문화원 본부를 방문하여 도착 신고를 하자 내게 준 약도와 주소로 노리치 외곽의 하숙집을 찾아가야 했다. 지금도 런던에서 북쪽으로 가는 기차는 킹스크로스(King's Cross)역에서 출발한다. 나는 지도에 익숙한지라 하숙집 찾기에 별로 어려움은 없었다. 내가 머문 집은 젊은 부부와 어린 아들이 있는 집이었다. 남자 주인은 전문대학의 전임강사여서 서로 잘 통했다. 주말을 맞은 첫 토요일 저녁 식사를 주지 않아 그 이유를 물어보니, 주인 여성은 토요일 저녁은 'No cooking day'(요리하지 않는 날)라며 밖에 나가 스스로 해결하라 했다. 젊은 부부는 매주 토요일 저녁은 외식을 한다고 했다. 당시에 30대 중반 아이 둘의 가장이던 나는 처음 보는 낯선 주말 생활 모습이었다.

하숙집은 왕복 이차 선 도로 양쪽으로 똑같은 모양의 주택이

나란히 늘어선 곳이었고 가게 하나 보이지 않는 조용한 동네였다. 하숙집 여주인은 내게 '내일이면 우리 집에 한국인이 한 달간 하숙하고 있다'는 소문이 동네에 날 것이라 했다. 노리치 시내로 나가야 일반 가게나 식당 등이 있었다. 주택은 길거리 쪽의 앞 현관문이 잠겨 있고 노크에 대답이 없으면 집이 비어있다는 것이지만, 집 뒤편 작은 정원에 붙은 뒤 현관은 항시 잠겨 있지 않아 드나들 수 있었다. 한낮에도 뒷문은 잠겨 있지 않을 정도로 좀도둑과는 거리가 먼 동네였다.

영국에서 지방 도시는 사거리가 보통 로터리 구조이다. 시내 중심가라 해도 조용하고 번잡하지 않았다. 시내에서 제복을 입은 경찰을 만나면 항상 친절하게 웃고 있어, 나는 "저 경찰은 이렇게 조용한 동네에서 할 일이 있을까"라고 생각했다. 어느 주말 노리치 시내 거리에서의 가장행렬 축제가 기억나는데 구경하는 사람들은 그리 많지 않았던 것 같다. 노리치에 머무는 동안 비가 온 기억은 없고, 높고 푸른 하늘과 청명한 날씨가 생각난다. 영국은 겨울 계절을 제외하고는 날씨가 비교적 청명하여서 늘 흐리다는 소문과는 달랐다.

주중에는 빡빡한 교육 훈련 일정으로 채워졌다. 휴식 시간에 홍차에 우유를 타 먹는 영국인의 습관을 처음 알았으며 커피보다 홍차가 더 기호품인 듯했다. 마지막 날 송별 파티 무도회에서 담임이던 영국인 여 선생님의 우아한 댄싱 모습이 기억난다. 사교춤에 전혀 문외한이던 나는 언제쯤에나 배워볼까 했는데 아직도 배우지 못했다. 극장에서 처음 보았던 영어 연극은 이해가 어려웠고 내 듣기 능력이 모자람을 실감했었다. 당시 영국 축구프로팀의 2진 팀이던 노리치팀의 프로팀다운 멋진 승리가 기억난다. 코너킥을 골문 앞에서 몸을 날려 헤딩으로 골인시킨 팀 선수는 헤딩슛 후 잘못 떨어져 부상으로 퇴장하는 장면이었다. 버스 등의 대중교통은 순환 시간이 길고 불편하여 웬만한 곳은 대부분 걸어 다녔다. 서울처럼 버스나 지하철, 저렴한 택시 등 공공 교통이 잘 정비 된 도시는 드물다. 오리엔테이션을 이수하며 찍은 단체 사진을 오랜만에 보면서 멕시코와 페루의 두 청년이 생각났다. 장기자랑에서 둘이 함께 스페인어로 부르는 2중창이 매우 매력적이었던 기억이 난다. 출신 국가는 서로 달라도 같은 스페인어권이니 어디에서 처음 만나도 화음을 잘 맞추는 듯했다.

영국 북해 변 노리치에서 보낸 4주간은 내게 다시 올 수 없는 아련한 회상의 기간이었다. 내가 언제 다시 40여 년 전 체류했던 노리치에 갈 수 있을까. 남아 있는 기억의 슬라이드를 보며 나의 젊고 건강했던 푸른 시절을 회상할 뿐이다. 1980년대 초반 해외 유학이나 여행이 어려웠던 시절, 영국에서 일 년을 경제적 어려움 없이 건강하게 지냈으니 나는 행운아임에 틀림없다. 비록 홀로 지낸 외로운 시절이긴 했어도 나의 학문적 성장기였고 보람이 컸던 푸른 시절 전성기였다. 영국에서의 일 년 연구 생활 체류 경험이 나의 교수 생활의 단단한 기초가 되었음은 물론이며, 영국문화원 지원으로 받은 혜택을 결코 잊지 못한다.

• 문학秀, 2023. 1-2.

나의 첫 유럽 여행

나의 유럽 첫 여행은 사십여 년 전 영국이다. 일 년 동안 임페리얼(Imperial) 대학에서 연구 생활을 하며 런던에 머물렀다. 정부 소속 재단의 체재비 지원이어서 서울-런던 왕복 비행은 국적 항공기를 이용해야 했다. 김포공항을 출발 런던으로 직행하는 항공 노선이 없어 파리에서 갈아타야 했다. 당시의 비행은 앵커리지 경유 북극항로를 비행하는 코스였다. 파리 드골공항에서 나와 공항버스로 이동하여 작은 비행장에서 런던행 항공기를 이용했는데 지금 생각해도 초행길을 용케 찾아갔다.

영국(Great Britain)은 잉글랜드, 웨일즈, 스코틀랜드, 북아일랜드로 구성되어 있다. 유럽축구에도 이 네 지역이 각각 출전할 정도로 다양성이 큰 지역이다. 주말이나 공휴일을 이용하여 런던 근교 잉글랜드 지방 몇 곳을 방문했을 뿐 다른 세 지역은 탐방하지 못했다. 영국 내 문화 유적지나 유명 지역 등을 열심히 찾았어야 했는데 잉글랜드를 벗어나지 못했고 너무 연구실에 처박혀 있었음을 지금도 후회한다. 체류 기간 중 경제적 여유가 있었음에도 다음에 가야지 하며 미루곤 했다.

런던에서의 일 년 체류 이후 다음의 런던 방문은 십 년이 지나서야 그 기회가 왔다. 귀국 후 강의와 연구 생활과 행정 업무로 하루하루가 여유가 없었기 때문이었다. 한 예를 들면 국제학술회의에 참석하기 위해 일주일을 비우면 그 밀린 업무 처리로 더욱 여유가 없어지곤 하여 대학과 연구비에서 지원하는 해외 출장을 포기한 적이 여러 번 있었다. 교수 정년을 보장받기 이전의 젊은 조교수, 부교수 시절 10년간은 하루하루가 바쁘게 여유 없이 지낸 시기였다.

런던 체류 중 서베를린을 일주일간 방문했다. 당시는 냉전 시기여서 서베를린은 미국, 동베를린은 소련의 관리 지역이었다. 지금도 충격적으로 남아 있는 기억은 동서 베를린의 장벽이다. 장벽 서쪽은 자유 진영이고 동쪽은 공산 진영이었다. 장벽 자유 진영 쪽은 바로 도로이고 거주 주택인데, 전망대에서 보이는 공산 진영은 백여 미터에 걸친 장애물과 철조망과 감시 초소였다. 나는 이곳에서 공산 진영의 억압과 봉쇄의 실상을 보았고 모교에서의 교수 생활 중 학생 지도에 이런 실제 환경을 언급하곤 했다.

런던의 한 여행사에서 베를린 왕복 항공권을 예약할 때 직원은 나의 "베를린"(Berlin) 영어 발음을 알아듣지 못했다. 영어 스펠링을 써서 보여주자 여직원은 '아! 벌-린' 하며 발음을 교정해 주던 기억이 있다.

대학 연구실에서의 영어 단어 경험은 미국식 영어와의 구별이었다. 전반기 체류 보고서를 작성하며 학기라는 용어로 semester

를 썼는데, 지도교수는 이 단어를 미국식 영어라며 term으로 바꿔 주었다. 이 외에도 영국식과 미국식 단어 예가 몇 개 있다.

승강기(영국 rift-미국 elevator)
지하철(underground-subway)
층(flat-floor)
멋진(lovely-nice)

영국에서 미국과의 차별은 특히 스포츠에서 두드러진다. 영국인은 미국인이 좋아하는 야구, 미식축구, 농구 등을 즐기지 않으며 오히려 축구, 럭비 등이 인기이다. 마치 미국인이 좋아하면 영국인은 싫어하는 듯 느껴졌다. 그럼에도 미국 팝 가수의 공연이 있을 때면 젊은이들은 온통 난리였다.

런던에서 생활하면서 나름 한 가지 계획을 했다. 귀국하기 직전 여름휴가 기간에 일주일간 서부 유럽을 버스로 여행하자는 계획이었다. 이 투어 예약은 일찍 하면 할수록 비용이 절감되므로 그해 정월에 예약했었다. 런던에서 관광버스로 출발- 도버해협은 배로 건너 다시 프랑스 칼레에서 버스로 이동 -파리- 브뤼셀-룩셈부르크-암스테르담-독일 본-라인강을 거쳐 돌아오는 투어였다. 당시의 오리엔트 관광버스 그룹 여행비용은 기억이 나지 않는다.

지금도 잊히지 않는 코스는 두 번째 방문인 파리에서의 한낮 자유시간이었다. 나는 이 시간에 루브르박물관을 혼자서 종일 구경했다. 당시에 30대 중반이었음에도 나중에는 다리가 아파서 벤치에 쉬어 가며 관람했다. 다음은 네덜란드 암스테르담에서의 다이아몬드 세공 공장의 견학이었다. 왜 암스테르담에 이런 공장이 있지 하며 의아했다. 암스테르담이 다이아몬드의 가공과 유통으로 과거부터 유명함을 나중에야 알았다. 지금은 2007년에 건립된 다이아몬드박물관이 있을 정도이다. 독일에서 라인강을 따라 로렐라이 언덕을 돌아오는 크루즈는 너무 볼 것 없다는 느낌이었다. 로렐라이(Lorelei)는 라인강 동쪽 언덕에 솟은 바위이며 로렐라이 언덕, 로렐라이 바위라고도 불린다. 높이 134m이며 마녀가 나타나 그 아름다움과 노랫소리로 뱃사람들을 홀려 난파하게 했다는 전설이 있다. 독일 남부 본(Bonn)에서 경사진 사면에 조성된 와인 포도밭을 처음 보았는데, 포도나무가 작고 왜소함이 의외였다.

우리 그룹 여행 일행 중엔 영국 시골에서 오신 어르신 부부가 있었는데 영국 밖으로의 여행이 처음이라 하여 놀라기도 했다. 어느덧 40년 전의 여행이었으나 분명히 사진도 찍고 메모도 했을 터인데 보관이 부실했나 찾기가 어렵다. 내가 런던 생활을 마무리하며 떠난 일주일간의 서유럽 그룹 여행은 런던에서 가장 멀리 나간 경우였다. 나처럼 혼자 여행하는 젊은이도 여러 명이었다. 여행은 우선 저질러야 한다는 생각이다. 다음에 가지 하는 생각은 아쉬움만을 남긴다.

• 그린에세이, 2023. 9-10.

겨울 여행

지중해에서 나에게는 여름보다 겨울 여행이 잘 맞는 것 같다. 겨울에는 우선 관광객이 적어 한산함이 좋다. 숙식비가 여름 여행에 비교하면 훨씬 경제적이고 숙소 등 여행 관련 예약이 쉽다.

나는 지중해 연안을 겨울에 두 번 방문한 적이 있다.

한 번은 2010년 12월 초 중순 슬로베니아의 아드리아해 연안 휴양지 포르토로즈(Portoroz)와 피란(Piran)을 학회 참석차 방문했다. 아드리아해는 지중해에 있고 발칸반도 서부와 이탈리아반도 동부 사이에 있다. 또 한번은 2012년 1월 중순 스페인 안달루시아지방의 말라가-론다-세비야-코르도바-그라나다를 여행하며 지중해 연안 도시 말라가(Malaga)를 방문할 때였다. 이 두 지역은 여름에도 방문했었다.

포르토로즈와 피란은 경도가 북위 45도가 조금 넘고, 안달루시아지방은 북위 36~38도로 한반도와 비슷하다. 무엇보다 놀란 점은 두 곳 모두 겨울철임에도 춥지 않았다. 눈은 내륙의 산악지역에서나 보이고 해안에서 또는 해안 내륙에서는 눈을 보기 어려웠다. 겨울을 대비하여 긴 코트를 준비해 갔으나 필요치 않았다. 매우 선선한 우리의 가을철 날씨였다. 포르토로즈에서 학회 개최지는 숙소를 겸한 호텔이었다. 숙소 바로 앞이 아드리아해였고, 피란이 서쪽 가까이에 바라보였다. 숙소 창문으로 보이는 해변 풍경과 시원한 바다는 단연 최고의 풍경이었다.

안달루시아지방에서의 겨울 여행은 런던에서 항공으로 출발하여 말라가에서 시작했다. 영국에 유학 중인 아들이 시간 여유가 있어 동행했다. 말라가는 안달루시아 남부의 지중해 해안 도시이며 일조량이 많아 '태양의 해안'이라 불린다. 겨울철에도 온화하다. 승용차 렌트, 숙소 찾기와 주차 시설 이용, 도로에서의 주행이 전혀 혼잡하지 않았다. 붐비지 않고 여유 있는 분위기와 맑고 선선한 날씨가 내겐 여름보다 좋았다. 말라가는 피카소의 고향이다. 피카소 이름 자체가 관광상품이어서 공항, 생가 박물관, 동상, 미술관에 피카소 이름이 붙어 있다. 이른 아침 해안가를 산책하며 시원한 바람을 맞으며 연안에 정박한 여객선이 볼거리였다.

이 여행의 초반에 마우스 버닝(mouth burning, 구강작열감증후군)이라는 처음 알게 된 질병으로 힘들었다. 영어 뜻대로 입안이 마치 불이 난 듯 많은 붉은 점들이 혀와 입안에 나타나는 증후이다. 음식을 먹기 힘들어서 영양과 회복 겸 여행 기간 내내 오렌지 주스로 보충했다. 여행에서 돌아와 이비인후과 의사인 고등학교 동기 친구의 진단과 추천해 준 조제약으로 다행히 완치되었다. 런던을 거쳐 안달루시아지방을 여행하며 너무 무리했던 휴유증인 듯했다.

수년 전 지중해에서 여름 여행을 한 적이 있었다. 일주일간 아드리아해 연안을 둘러보는 그룹 버스 여행이었다. 슬로베니아의 아드리아해 연안인 피란을 출발, 크로아티아 이스트라반도를 거쳐 남동단 끝인 두브로브니크Dubrovnik까지 가는 코스였다. 유감스러웠던 점은 해안 도시인 자다르Zadar, 시베니크Sibenik, 스프리트Split를 방문하는 경우에만 아드리아해 연안에 들르고, 나머지는 내륙의 고속도로를 이용하는 점이었다. 이동 시간을 단축하기 위해서였겠지만 해안 도로를 따라 주행하지 않아 매우 아쉬웠다. 여름철의 관광지가 너무도 붐비고 덥고 진이 빠져서 아름다운 경치를 즐기는 여운이 감쇄되는 기분이었다. 이스트라반도에서 스프리트를 거쳐 아드리아해의 진주라는 두브로브니크까지 1,780km 해안선을 따라 겨울에 일주하고 싶다.

요즘은 인생의 나이가 20년 또는 30년 연장되어 있다고 한다. 젊음의 연장이 아니라 노년의 연장이다. 인생 수명을 90년이라 한다면 처음 30년은 교육과 공부, 사회 진출을 배우는 시기이다. 다음 30년은 사회 활동하는 중년 시기이고, 마지막 30년은 건강을 유지하며 살아가야 하는 노년의 시기이다. 나의 경우 70대까지는 노년의 사춘기라 자칭하며 해외여행도 가능해 보인다. 가까운 동남아시아 지역 여행이 비교적 쉬울 것 같다. 아마도 80대부터는 여행사에서 예약을 잘 받아 주지도 않을 듯하다. 그렇다면 굳이 해외여행만을 고집할 필요도 없다. 국내에만 해도 아직 가보지 못한 곳이 얼마나 많은가. 국외건 국내건 시끌벅적한 여름보다 호젓한 겨울 여행을 즐기고 싶다.

• 수필과비평, 2023. 11.

도쿄대학의 추억

도쿄는 나에게 익숙한 도시이다. 삼십 대 초반에 도쿄대학에서 팔 개월간 연구 생활하며 홀로 지낸 적이 있어 추억이 많은 편이다. 이미 사십 년도 넘은 일이다. 그 후에도 학술 활동으로 십여 차례 이상 단기 방문하며 캠퍼스 내 객원 숙소에 체류하곤 해서 더욱 친숙한 느낌이 든다.

도쿄를 1980년 봄 처음 방문하였을 때 거미줄 같은 지하철 노선도를 보고 놀랐다. 지금의 서울 지하철 노선도를 도쿄역에서 본 셈이다. 도쿄역에서는 출구가 너무 많아서 길 찾기가 어려웠던 기억이 난다.

이 시기에 엔화 환율이 원화의 세 배였다. 당시에 이발 비용이 한화로 계산하니 너무도 높아 이발소에 한 번도 가지 않고 장발로 지냈다. 사과값이 너무 비싸서 사과 한 개 사본 적이 없다. 당시에 나는 아직 국내 대학에 자리를 잡기 전이어서 도쿄 생활은 상당히 궁핍하던 시기였다. 식당에서도 반찬마다 가격이 정해져 있어 함부로 주문할 수가 없다. 한국에서 식사 때 따라 나오는 밑

반찬 김치도 한 접시마다 가격이 더해진다. 일본인은 식사 후 음식을 거의 남기지 않는다.

도쿄대학은 메이지시대에 '가난 속에서 교육만이 살길'이라며 1877년 설립한 국립대학이다. 시내 혼고(本鄕) 캠퍼스에 산시로(三四郞) 연못이 있다. 캠퍼스 중앙에 숲에 둘러싸여 있는 이 연못은 소설가 나스메 소세키(1867-1916)의 청춘 장편소설 『산시로』에서 이름을 따왔다. 산시로는 시골 출신으로 이 대학에 입학한 남자 주인공 이름이다. 나는 도쿄대학을 처음 방문하였을 때 나스메 소세키의 이름과 작품을 처음 알았다. 이 시기만 하여도 우리나라에 번역된 일본 소설이 드물었다. 이 작가의 대표작인 『나는 고양이로소이다』(문학사상)의 번역 초판은 1997년에 국내에서 처음 발간되었다.

도쿄대학 구내 객원 숙소에 체류할 때마다 산시로 연못을 자주 찾았고 산시로 주인공을 떠올리곤 했다. 나무숲에 둘러싸인 고즈넉한 산시로 연못 분위기에 매료될 때마다 모교(서울대 관악캠퍼스)의 자하연(紫霞淵)을 생각했다.

도쿄대학 구내에서는 차량 진입을 할 수 없음이 내겐 인상적이었다. 대학 병원과 학내 버스 종점까지 매우 제한된 짧은 이 차선 도로에만 차량이 진입할 수 있다. 캠퍼스 부근 지하철역에서부터 정문이나 후문까지 십여 분 이상 걸어야 한다. 학내에서는 무조건 걷거나 자전거를 이용함이 우리의 대학 캠퍼스 풍경과 다르다.

나는 도쿄대학 구내 아침 산책을 좋아했다. 대학의 상징 출입문인 아카몬(赤門)부터 자동차 통행이 없는 조용한 145년 역사를 담은 교정을 둘러보곤 했다. 1960년대 학생 운동의 상징인 야스다 강당, 구내 서점과 문구점, 저렴한 식당, 박물관, 산시로 연못, 오래된 연구실 건물 사이로 산책을 즐겼다. 캠퍼스 뒷문으로 나가 우에노(上野)로 발걸음을 옮기면 공원과 미술관, 시장 거리에서 저렴하면서도 양질의 문구용품을 구할 수 있었다.

어느 날인가 점심시간에 직원 수 명이 대학 행정관에서 무언가 요구하며 조용히 시위하는 모습을 본 적이 있는데, 점심시간이 끝나자 조용히 사라졌다.

일본인의 철저한 각자 지불 모습은 초청한 사람을 제외하고는 전체 금액을 사람 수로 나누어 분담하는데, 일 엔짜리까지 계산하는 데는 너무하다 싶었다. 그들은 남에게 조금이라도 신세를 지거나 폐를 끼치지 않겠다는 생활과 사고방식, 내 몫은 내가 책임진다는 행동이 유별나 보였다.

도쿄 시내에서의 거주나 생활은 매우 비싸서 교수들도 대부분 자택이 도쿄 시내 외곽에 있다. 교통수단은 주로 지하철이다. 자택에서 지하철역까지 거리가 멀면 자전거를 이용한다. 시민이 자가용을 마련하려면 먼저 주차 공간이 있음을 증명해야 가능하다. 시내에서 시민들은 대부분 지하철, 버스, 자전거를 이용한다. 매우 절약하는 습성이다. 도로가 좁아서 일방통행 길이 많다. 주차 공간이 아닌 곳에 주차하면 가차 없이 주차위반으로 벌금감이다. 출퇴근 시간을 제외하면 도쿄 시내는 자동차로 번잡스럽지 않았다.

지난 2016년 12월 중순 도쿄대학 총합연구박물관과 이학부 지구흑성과학과의 방문이 나의 마지막이었다. 지도교수이었던 HS 교수님이 정년 퇴임 후 박물관에서 광물 시료를 정리하는 자원봉사를 하고 계셔서 그의 안내를 받았다. HS 교수님과는 1979년 7월 여름 서울에서 공동 연구차 처음 만났다. 그는 내게 그의 좌우명, 'What should I do next?'(다음에 나는 무엇을 해야 할까?)를 가르쳐 준 분이었다. 이 박물관의 부러운 것 중의 하나는 이미 폐광된 오래전의 유명 광산 광석 시료들을 체계 있게 정리하여 보관한다는 점이었다. 예를 들면 한국의 남북한 광산 시료들과 관련 문헌들도 보관하고 있다.

최근에 한국의 작년 일 인당 국민총소득이 3만 6천 달러를 기록하며 사상 처음 일본을 제쳤다는 신문 기사를 보았다. 또한 영국의 글로벌 대학 평가기관 QS가 지난 6월 5일 발표한 '2024 세계대학평가'에서 서울대가 31위로 도쿄대(32위)를 한 단계 앞섰다는 희소식이 있었다. 지난 40여 년 전 처음 도쿄대에 방문했던 정황이 새삼 떠오르며 세월의 변화에 새삼스런 느낌이 들었다.

• 계간현대수필 가을호, 2024.

개인의 소신, 신념, 살아가기

승용차 덜 타기

영국 케임브리지 대학교와 일본 도쿄대학을 방문해보면 교정에 들어서자마자 대학 상아탑에 들어왔다는 분위기를 강하게 느낀다. 케임브리지 대학교의 드넓은 잔디밭과 12세기에 건립된 복고풍의 건물들, 도쿄대학의 백 년 넘은 높은 나무들과 정숙하고 학구적인 분위기에 압도된다. 이 대학의 공통점은 학내에 차량 통행이 거의 없다. 차량 통행이 드무니 조용한 분위기와 맑은 공기로 인해 매우 상쾌해짐을 느낀다.

서울대학교 관악캠퍼스는 이전 직후인 1980년대에는 학내 교통량이 적어, 교내 순환도로의 중앙분리선을 따라 산책과 달리기를 즐길 수 있을 정도로 조용하고 안전한 분위기였다. 이제는 교통량이 너무 많아지고 소란스러워서 순환도로를 따라 달리기는 매우 위험하고 도로 횡단에도 조심해야 한다. 순환도로와 강의동과 연구동 현관 앞에까지 주차된 승용차들과 수시로 드나드는 버스와 방문 차량으로 인해 복잡하고 어수선하며 시끄러워 상아탑의 분위기를 해치고 있다.

지난 40여 년의 연구 생활 동안 학회 참석이나 회의, 답사 또는 개인 여행으로 45개국의 100여 개 도시를 방문한 적이 있다. 한국은 세계 경제 10위권의 국가임에도 수도 서울의 교통과 대기 환경 수준은 선진국과 비교하여 한참이나 뒤떨어져 있다. 서울처럼 차량이 많고 소란스러우며 출퇴근 시간 이외에도 교통이 막히고 대기 오염이 심한 도시는 드물다.

도로 분진이나 토양 중의 백금족원소인 백금(Pt)과 팔라듐(Pd), 중금속원소인 구리(Cu), 납(Pb), 아연(Zn), 카드뮴(Cd) 등의 함량은 도시 교통량과 밀접한 관련성을 보인다. 서울 중심 지역의 분진과 토양은 주변의 전원지역에 비해 이 원소들이 수십 배 또는 수백 배 농집되어 있다. OECD 주요 국가 중 대기오염도가 최고 수준이다. 서울 시내 중심가에서 걸어 보면 자동차 소음은 물론 먼지로 인한 오염이 심각하여 코와 입이 불편하고 셔츠 목 부분이 더러워짐을 알 수 있다. 이런 현상은 특히 난방 연료를 많이 사용하는 건조한 겨울철에 더욱 심하다. 서울의 여름은 실제 기온보다 더 높은데 자동차와 에어컨의 배기가스 때문이다.

서울에 등록된 차량이 1994년도에는 176만여 대였으나, 2000년도에 244만여 대, 2011년에는 300만 대를 넘었다. 2022년도에는 319만 대 이상이었고, 이중 자가용이 276만 대여서 한 가구당 평균 한 대 이상이라고 해도 과언이 아니다.

서울의 하루 평균 차량 운행 대수는 지난 1997년 국제통화기금(IMF) 한파로 급격히 감소한 적은 있으나, 2004년도에 460만

대였고, 2013년도에는 900만 대가 넘었다. 2021년도에는 운행차량이 993만 대 이상으로 거의 일천만 대에 가깝다. 예를 들면 도심 지역에서 94.6만 대, 교량에서 184만 대, 간선 도로에서 294만 대 수준이었다.

　서울의 지하철과 버스 노선은 서울의 구석구석까지 연결되어 있어 공공교통망은 세계 최고 수준이며 영업용 택시 요금도 선진국과 비교하면 저렴한 편이다. 그러나 자가용 승용차 운행 대수가 매년 증가하고 작금에는 수입차 구매도 어려울 정도로 인기라고 하니 왜 이럴까! 자가용 승용차에 앉아 밀리고 복잡한 도로에서 시간을 죽이고 있는 모습을 나는 상상하지 못한다.

　강남지역 서초동에는 지하철 한 구간 사이에 언덕 사면 도로가 있다. 이 구간에는 약 백여 미터마다 신호등이 일곱 번이나 있는 도로여서 내리막길이 항시 막히는 길이다. 일반 버스 기사의 말을 빌리면 출퇴근 시간이 아님에도 승용차가 너무 많아서 이 길을 통과하는 데에만 30분 이상 걸린다 했다. 이렇게 막힌 길에서 영업 택시를 타는 멀쩡한 사람을 보면 어이가 없다. 이 막히는 도로에서 나 홀로 승용차를 몰며 시간을 낭비하고 있는지 이해하기 어렵다.

　공공교통 수단을 이용하며 승용차 덜 타기 캠페인을 해보면 어떨까. 도시의 쾌적한 대기 환경과 건강하고 보람 있는 삶을 위해서 BMW(=Bus + Metro + Walking)를 즐기면 어떨까.

　　　　　　　　　　• 문학의집, 서울 『지구의 눈물』, 2023. 5.

나의 서재와 책사랑

개인 서재 갖기는 결혼 이후부터 시작되었다. 결혼을 하고 내 이름의 첫 아파트가 생겼고, 그곳에 작은 방이 두 개여서 방 하나를 내 서재로 사용했다. 어언 47년 전이다.

본격적인 책 읽기는 중학생부터였다. 이 시기에 을유문화사의 세계명작문고를 섭렵한 기억이 난다. 다행히 결혼 이후 지금까지 이사를 두 번밖에 하지 않아 그동안 모은 책들이 파손되거나 분실되지는 않았다. 아직도 50년 이상 된 문고본을 서재에 보관하고 있다. 서재에 있는 책들은 주로 전공에 관련된 것과 일반 문예 책들이다. 전공 관련 책들은 교수 생활을 하며 모은 것으로 연구실 양 벽을 가득 채웠던 책들로 정년 퇴임 후에 선별하여 내 서재로 옮겼다.

교수 생활 당시 책이 많아 연구실 벽에 맞게 서고를 개인적으로 주문 제작했었다. 연구실에 들어서면 마치 도서실에 들어온 듯하다며, 공대 교수 연구실에 이렇게 책이 많은 경우는 드물다고 한 마디들 하였다. 전공 분야의 도서 수집에 욕심이 많아 영국 유학 시절 런던, 옥스퍼드, 케임브리지의 유명 서점에서 신규 간행 전공 원서들을 열심히 구입하였다. 다행히 이 시기에는 연구비와 장학금 혜택으로 경제적 여유가 있었던 나름 나의 푸른 전성기였다. 단기간에 많은 전공 도서를 구입하였고, 동일 전공 분야의 국내 연구자 중에서는 가장 많은 전공 도서를 구비하고 있다고들 하였다.

전공이 자원공학 분야의 응용지구화학(탐사와 환경)과 자원지질 분야이다 보니 이미 십여 년 전에 간행된 전공 도서는 학문적으로 오랜 책이라 할 수 있다. 이 도서들은 중고서점에서도 받아 주지 않는다. 내 전공 분야의 후배나 제자 또는 지인들에게 기증하여도 별로 달갑지 않은 오랜 문헌인지라 폐기 처분하든가 아니면 내가 보관하는 수밖에 없었다. 그동안 연구실과 강의실에서 나의 손때가 묻은 전공 도서들은 아무리 오래 되었어도 버리지 못해 아직도 서재에 있다. 2000년 이후 구입한 신간 전공 원서들은 전공이 같은 제자 후임 교수에게 물려주었다. 가격이 만만치 않은 신간 원서를 백여 권 이상 받았으니 제자에겐 큰 행운일 것이다.

문예 분야 등의 일반 도서도 읽는 속도보다 사는 속도가 빨라서 항상 읽어야 할 책이 밀려 있었다. 독서 욕심이 많아 한 번에 여러 권의 책을 사다 놓고 읽어가곤 하였다. 관심 분야도 초기에는 일반 소설류와 공상과학소설, 탐정소설에서 에세이, 여행산문, 유명인의 자서전 등으로 바뀌었다. 그동안 읽은 도서들은 빠짐없이 보관하여 왔다. 내 책을 빌려 가서 반환하지 않는 지인들을 탐탁지 않게 여겨 연락하기를 꺼렸다.

정년 이후부터 수필 교실과 명작읽기반에서 수강하며 글쓰기 늦바람이 들었다. 그동안 모아 놓은 수필집이나 산문집을 읽다 보면 언제 이렇게 좋은 책을 구입하였나 하며 대견해하기도 한다. 수필가로 등단 이후 수필 관련 문예지나 개인 수필집이 늘어나고 있다. 2014년 『현대수필』로 등단 이후 개인 산문집을 발간하다 보니 이 또한 도서의 보관이 보통 일이 아니다. 아내는 누가 당신 문집을 읽어주겠느냐고 핀잔이지만 적어도 내 제자들과 지인들에게 내가 살아 온 산문 책자를 기증하며 공감을 얻고 싶다.

일반 문예 도서들은 그동안 세어 보지 않아 몇 권인지는 정확히 모르나 엄청 많다. 아직 장르 별로 분류되어 있지는 않고 서재에 쌓아 놓은 상태이다. 앞으로 내가 하여야 할 일은 서재가 포화상태이니 보관할 책을 장르별로 분류하고, 기증할 책들을 나누는 일이다. 이삿짐 중에서 인부들이 가장 싫어하는 짐이 무거운 책 보따리라고 한다. 문제는 책을 아끼고 버리지 못하는 내 성격이다. 집 앞의 나무도 계절이 지나면 자기 몸을 비우고 있다. 이제 나이 더 들어 거동이 불편해지기 전에 내 손때가 묻은 책들을 정리하여야 한다고 다짐해 본다.

• 한국문인협회 『우수문학선집』, 2023. 12.

대형 책장을 옮기며

보름 전 일 주일간에 일어난 일이다.

입주한 지 36년 된 아파트 내부 수리를 처음 시작했다. 공사 기간이 한 달이라 했다. 나는 원래 사는 집 내부의 치장에 관심이 없고, 시간이 아까워서 벽지조차도 입주 상태 그대로 살아왔다. 벽지 바꾸기나 방바닥 수선 등 내부 수리는 우선 집안의 짐을 모두 빼내어야 했다. 내가 생각하는 가장 큰 스트레스는 이사와 경조사다. 나이 들어서는 절대로 새로 집을 짓지 말라는 불문율도 있다. 집안의 경조사야 어쩔 수 없이 치러야 하나 이사는 선택의 문제이다.

문제는 막내딸이 딸을 낳으면서 시작되었다. 연구소에 근무하며 박사학위 과정 중이던 딸이 늦은 나이에 출산을 하면서부터였다. 손녀가 만 두 살까지는 휴직하며 전적으로 육아에 전념하던 딸이 박사학위 논문 준비와 제출을 앞두고 일 년 동안 손녀를 우리 집에 맡겨야 할 처지가 되었다. 손녀가 태어난 후 우리 부부는 주말에 가서 손녀를 돌보곤 했다. 큰딸의 손자를 우리 집에서 11

년을 키워 제집으로 보낸 게 작년 초인데, 이제는 손녀를 돌보아 줄 시기가 된 셈이었다. 내 친구들은 손주들이 이미 대학생이 되었건만 지금도 내겐 초등학생 두 손자와 두 살짜리 손녀가 있다.

막내딸은 금년에 수시로 애를 우리 집에 맡겨야 하니 우선 내 집의 내부를 수리하고 깨끗이 단장해야 한다 했다. 나는 벽지 도배 정도는 되지만 그 시간도 아깝다 했으나 막무가내였다. 지금과 같은 깨끗지 않은 내부 상태에서는 딸을 맡길 수 없는 당연하다는 황당한 주장을 하며, 내부 수리비는 모두 자기네가 부담한다는 거였다. 적어도 한 달 동안 집 내부를 완전히 비워야 하고, 숙식도 외부에서 해야 하는 불편함이 있어 내부 수리는 필요 없다 해도 아빠가 무조건 양보하라 했다. 나는 하루하루가 아깝고 여전히 할 일이 많다. 문제는 아내였다. 수십 년간 집 내부가 입주 상태 그대로이니 좀 더 산뜻한 집안에서 살고 싶다는 욕망이 딸과 사위의 집 내부 수리 제안에 넘어가서 오히려 나를 설득했다. 삼십 평대의 아파트 내부를 완전히 수리하여 새집으로 바꾼다며 한 달간 이사를 마다하지 않는 거였다. 요즘 이사는 포장 이사여서 서울 부근의 이삿짐센터로 옮겼다가 그대로 다시 들여온다 했다. 특히 건넌방 내 작은 서재에는 이중으로 된 벽 전체를 덮는 미닫이식 서재까지 설치해 주며, 한 달간은 큰딸 집에 묵으면 된다고 했다.

이 과정에서 나를 몹시 화나게 한 일이 발생했다. 내가 아끼는 대형 통나무 책장 두 개를 버리자는 거였다. 이 책장은 내가 교수로 재직하며 내 연구실 양 벽 크기에 맞추어 제작한 통나무 책장이었다. 지금까지 40년 이상을 애지중지 보관해 온 책장이었다.

요즘은 이런 통나무 책장은 구할 수도 없고, 책장이 모두 복합재료를 이용한 조립식이다. 이 나무 책장은 한 개 크기가 가로(폭) 200cm, 세로(높이) 220cm의 대형이어서 연구실 양 벽에 설치되어 마치 도서실처럼 보이게 하던 애장 가구이었다. 위에서 아래로 총 6단이고 책장 하나에 적어도 700여 권의 책이 들어간다. 이 책장은 보통 건물의 승강기에는 들어가지 않는 크기이다. 승강기로 옮길 때는 위의 3단과 아래 3단 두 부분으로 분리하며, 설치할 때 다시 이어 준다. 이 분리 방법도 이사 전문가의 조언으로 알게 되었다.

요즘의 젊은이들과 주부들은 이사할 때 왜 그리 멀쩡한 여러 가구를 버리고 가는지 이해할 수 없다. 선진국에서는 집안의 가구를 처리해야 할 때는 집 밖에 내어놓고 중고 가구로 판매하기도 하고 필요한 이웃이 가져가게 한다. 우리는 무조건 분리수거 장소에 버리고 심지어 처리 비용까지 부담한다. 내가 워낙 화를 내자 아내와 막내딸 부부도 그 책장을 그대로 보관하기로 했다. 그들은 이 책장이 내게 의미하는 바를 전혀 모르고 있었다.

나는 이 책장을 내 책이 별도로 보관된 장소로 책과 함께 옮기기로 했다. 이 책장을 위아래 두 부분으로 분리해서 책들과 함께 무사히 옮길 수 있었다. 이 일련의 집안 내부 짐들의 포장 이사, 대형 책장과 책들의 운반이 일주일 사이에 일어난 일이었다. 다행히 해외에 근무 중인 아들이 연말연시 휴가로 잠시 귀국해서 아들의 도움이 컸다.

나는 여전히 이런 이사에 시간과 비용을 들이는 일련의 작업

일이 후회스럽고 그 낭비가 아깝기만 하다. 앞으로 얼마나 더 살 거라고 아직 멀쩡한 집 내부를 수리하기 위해 한 달간 집을 완전히 비우고, 이삿짐을 옮겨야 하는 수고와 시간 소비가 부질없게 느껴진다.

 내게는 책을 읽을 수 있고 글을 쓸 수 있으며, 음악이나 듣고 휴식할 수 있는 공간이 있으면 충분하다고 여전히 고집한다.

・리더스에세이 신년호, 2024.

때늦은 후회

신참 교수 시절에 나는 교육과 연구에 대한 욕심과 성취에 대한 열정이 매우 강했다. 완전하지도 못하면서 완벽주의 성격으로 매사를 처리하려고 했다. 그 시절에는 앞만 보고 달리는 때여서 봄이 오면 관악산 등성이에 우거진 수목들의 새순이 얼마나 다양한 녹색-연두색의 색깔을 띠는지 보이지 않았다. 바다의 색깔이 푸른색부터 어두운색까지 얼마나 다양한지도 모르고 있었다. 녹색의 다양함이나 푸른색 스펙트럼은 이제 나이가 들어 보이기 시작했으니 그만큼 서정적 여유가 생겼다는 의미이다.

나는 모교에 신규 조교수로 1980년 말에 임명되었다. 이후 부교수를 거치며 정교수가 되기 전까지 십여 년 사이에 일어난 학생 관련 두 가지 사건이 지금도 잊히지 않는다.

학사과정 3학년 2학기에 내 전공필수 과목이 있었다. 여름방학 중에 학과 복도에서 3학년 학생을 만났는데, 그는 당시 유행이던 말총머리를 하고 있었다. 이러한 모습을 몹시 싫어하던 나는 그 학생에게 '남자가 그 머리 모양이 뭐냐. 2학기에 내 과목 수업에 출석할 때는 머리 모양을 정상적으로 하고 들어오게나. 그런 말총머리로는 곤란하네'라고 강요했다. 다행히 그 학생은 내 수업에 머리 모양을 정상적으로 하고 출석하였다. 이후 그는 학과에서 석사학위까지 마치고 미국에 유학하여 박사학위를 취득하고 성공적으로 연구 생활을 하고 있으며 나와 지금도 연락이 닿고 있다.

내 연구실 대학원생 중에 가정환경이 어려운 학생이 있었다. 학교 부근에서의 하숙이나 자취도 경제적으로 어려워 연구실에서 숙식하는 학생이었다. 그의 어려운 점을 감안하여 연구 프로젝트에 연구조원으로 참여케 하고 매달 인건비를 지원했다. 문제는 그가 연구과제의 업무를 몇 개월간을 전혀 하지 않는 점이었다. 담당 조교가 연구과제에서 맡은 일을 열심히 하라고 충고하여도 안 한다는 거였다. 결국은 내가 면담하여 이유를 묻자 그는 과제를 하기 싫다 했다. 그러면 연구 인건비를 받지 말아야 하는데 매달 꼬박꼬박 받으면서 연구과제 업무는 안 한다는 것은 어이없는 일이었다. 그동안 받은 인건비를 반납하여야 한다 하자 그는 자기가 그럴 능력이 없음을 알지 않느냐는 대답이었다. 본인의 생활이 어려우니 당연하다는 투였다. 연구 인건비는 연구과제에 참여하여 맡은 업무를 하여야 받을 수 있으며 장학금과 성격이 다르다고 설명했다. 그런 연구 자세로는 계속 대학원에 남아 연구자가 되느니보다는 취업함이 좋다고 추천했다. 그는 자퇴하고 사라졌는데 그 후의 소식은 동기생들 그 누구도 모른다.

두 가지 사건에 대해 시간이 지나면서 나는 후회하고 있다.

말총머리 모습을 하고 안하고는 학생의 자유이다. 그때의 유행에 따라 어떤 복장을 하든지 또는 어떤 모습으로 머리를 기르는지는 내게 불쾌감을 줄 수는 있어도 그 학생의 선택이다. 말총머리를 자르고 정상적인 머리 모양으로 수업에 출석하라고 교수가 강요한 점은 권위적이고 합리적이지 못했다. 당시 젊은이들의 유행과 관심사를 너그러이 받아들이지 못한 탓이다.

두 번째 경우는 대학원생이 경제적으로 어려움을 겪고 있고 생활과 사고가 비정상적임을 이해하고 아량을 베풀며 좀 더 기다려야 했다. 오죽 곤궁하면 연구실에서 숙식하며 어렵게 생활하고 있을까를 그 학생의 입장에서 생각하면서 참고 배려해야 했다. 그는 똑똑하고 능력이 있으니 어느 직장에 있어도 잘하리라는 믿음이 있으나 그와의 연락이 두절 되었음이 안타깝다. 학생을 지도하고 가르치는 지도교수로서의 배려와 인내가 부족했다.

다른 사람의 입장과 환경에서 생각해 보라는 말이 단순하고 쉽게 보이는 데도 수시로 그 말을 잊고 산다. 나의 인격 수양이 부족함이리라. 그 제자는 지금 어떤 모습으로 살아가고 있을까. 사십여 년 전의 사건임에도 가슴 한구석에 바람이 스쳐 간다.

• 월간에세이, 2024. 8.

마지막 가는 길

최근 신문에서 전 네덜란드 총리 부부가 동반 안락사를 택했다는 기사를 읽었다. 두 사람은 모두 93세로서 함께 70년을 해로했다. 남편은 뇌출혈, 아내는 합병증으로 고통을 받고 있었다. 네덜란드, 벨기에, 룩셈부르크, 스페인 등이 이 안락사 제도를 허용하고 있음을 처음 알았다. 한국은 연명 의료 중단은 허용하나 안락사는 허용하지 않고 있다.

초등학교 고학년 시절부터 살기 시작한 정릉동 소형 영단 주택 옆집이 한의원이었다. 원장님은 5남매 중의 장남으로서 집안의 기둥이었다. 그는 원래 한의사였으나 뒤늦게 사립대 의과대학을 졸업하며 양의사 자격도 취득한 분이다. 그 한의원은 우리 집안 식구의 단골 병원이었고, 우리 부모님과도 돈독한 이웃이었다. 원장님은 어머니와 비슷한 나이였고, 원장님 댁의 장남이 막내 동생과 동기여서 왕래도 잦았다. 원장님 부부는 독실한 기독교 신자여서 원장님은 장로로 사모님은 권사로 봉사했다.

내가 대학원생 때 야구를 하다 일루에 진루하며 엄지발가락이 매트와 부딪쳐 그 충격으로 걷지 못해 한의원을 찾은 적이 있었다. 원장님은 내 양쪽 발에 전류를 흐르게 하는 전류계를 보이며 한의와 양의를 병용하여 치료해 주어서 곧 나았던 기억이 난다.

내가 결혼으로 인해 정릉 집에서 분가하면서 오랜 기간 원장님 병원을 찾지 못했다. 단지 부모님 상을 십 년 차로 치르며 인사차 두 번 들렀을 뿐이다. 원장님 아들도 의사가 되어 병원을 물려받았다는 소식과 사모님이 관절이 불편하셔서 걷기 힘드시고 다른 합병증으로 원장님이 은퇴하여 자택에서 사모님 간호에 집중하고 있다는 소문을 들었다. 수년 전 여름 어느 날 두 분이 함께 작고하였다는 소식을 들었다. 원장님이 88세, 사모님이 84세였다. 나는 원장님이 사모님이 작고하자 같은 날 죽음을 택하지 않았을까 생각하고 있다. 나는 그러한 상황을 충분히 이해하며 그럴 수 있다고 믿고 있다.

한 여성 소설가는 암이라는 최종 진단을 받자 암 치료를 거부하고, 한 달 정도밖에 남지 않은 생을 가족과 함께 보내며 주변을 정리하고 죽음을 맞았다. 죽음을 앞두고 생에 대한 애착과 자식들에 대한 사랑과 미련을 어떻게 견디었을까. 나는 가족이나 지인께 미칠 민폐를 걱정하기 때문에 연명 치료를 거부한다. 죽음을 맞으면서는 의연한 자세로 평소의 품위가 유지되기를 희망하고 있다.

친척 중 연로하신 여성 한 분은 혼수상태에서 입원해 산소마스크를 부착해야 했다. 병원에서는 더 이상 치료 방법이 없게 되자 집으로 퇴원하여 유리 상자 속에서 산소마스크를 부착한 채 반송

장 상태로 수년을 연명하다 작고했다. 그동안 남편의 고충과 경제적 어려움을 나는 잘 알고 있다. 이 어르신은 작고 전에 산소마스크를 부착할 것인가 아닌가의 기로에서 다행히 장남과 가족의 결정으로 평온하게 잠드셨다. 실제로 내가 병중에 스스로 결정할 수 없는 이런 상황이 온다면 절대 산소마스크를 씌우지 말라고 이미 아내와 자식에게 단단히 당부해 놓고 있다.

나는 살아 있다는 의미를 '걸을 수 있으며, 가족들과 지인들에게 폐를 끼치지 않으며, 남을 배려할 수 있으며, 자신이 좋아하는 일이 있고 그 일을 즐기며 살 수 있을 때'라고 생각하고 있다. 조용히 편안하게 마지막 길을 가야 함에도 입원-퇴원을 반복하며 단지 생명만을 연장하는 모습이 편치 않다. 집안의 장남으로서 부모님의 장기간 병환을 겪으며 내게 남겨진 신념인지도 모른다.

그동안 글을 써오며 또한 독서와 사색을 통해 죽음이라는 문제에 대하여 비교적 담담한 편이다. 만약에 내게 죽음이 닥쳐와서 약간의 시간 여유가 있다면 우선 주변을 정리하고 싶다. 예를 들면 여전히 많은 사진과 앨범, 서류와 원고, 많은 장서 등이다. 조금 더 시간이 있다면 아내와 자식들과 제자들, 그동안 도움을 주신 분들께 간단한 감사 글을 남기고 싶다. 죽음을 앞두고는 신체적 거동도 완전치 못하고 정신도 없을 터이니 미리미리 준비하여야 할 듯하다. 또 죽음을 맞으면서는 가능한 미소를 보이고 싶다. 최선을 다하며 살아왔고 주위에 불편이나 부담을 주지 않으려 노력했으니 나로 인해 섭섭함을 느낀 지인이 없기를 바라며,

가족들과 제자들에게만 마지막 가는 길을 알리며 마무리하리라. 실제 남길 말도 별로 없다. 그동안 무탈하게 살아온 것만으로도 감사할 뿐이다.

• 수필과비평, 2024. 4.

불안에서 건강한 삶 속으로

내가 언제 불안한 적이 있었나 돌이켜 보니 오래전 겪었던 몇 가지 단편적인 기억이 떠오른다.

우리 세대는 중학교, 고등학교, 대학교에 입학하려면 본고사 시험을 거쳐 결정되었다. 합격자 발표 전날 밤이면 떨어지면 어쩌나 하던 불안감이 생각난다. 보통 사람은 입학시험에서 적어도 한두 번 낙방한 경험이 있으며 나도 예외는 아니었다.

아들만 오 형제였던 우리 집에서는 특히 여성에 대한 신비감과 호기심이 강했다. 나는 대학 신입생 시절부터 연애를 했다. 주로 광화문 무교동 지역이 만남의 장소였는데 가끔 다방커피값이 없어 파트너가 나와야만 지불할 수 있었다. 만약에 파트너가 나오지 않으면 커피값을 지불할 수 없어 불안해하던 기억이 있다. 당시 여성은 항상 현금이나 비상금이 준비되어 있었다.

내가 대학의 조교와 신임 조교수 시절이다. 매년 1학기 종강 직후 6월 중순에 3학년 학생 40여 명을 인솔하고 강원도 거도철·금광산 일대(현재 태백시 지역)에서 일주일간 야외 지질실습을 수행하곤 하였다. 태백산 일대의 암석 분포와 지질 구조를 관찰하며 실습하는 전공필수과목이었다. 실습 장소가 험준한 산악 지역으로 교통도 몹시 불편한 곳이어서 일단 들어가면 나오기가 어려운 지역이었다. 실습 기간 중 가장 큰 걱정은 무엇보다 학생들의 안전이어서 항상 긴장하고 불안해하던 기억이 있다.

사십여 년 전 영국 런던 유학 시절이었다. 숙소는 백여 세대(각각 플레트flat)가 입주해 있는 큰 고층 하우스 건물이었다. 비가 많이 내리던 어느 날 밤 잠결에 들은 화재 경보에 놀라 일 층의 응접실(common room이라 하며 비상시 대피 장소)로 모두 대피하였다. 소방차들이 오고 화재 점검이 있었으나 화재 현장이 발견되지 않아 각자의 숙소로 되돌아갔다. 이날 밤 화재경보기의 요란한 경보로 세 번이나 대피 소동이 벌어졌다. 소방차가 다시 오고 점검이 이루어졌으나 아마도 심한 비로 인한 누전이나 경보기 고장인 것 같다는 결론으로 무사히 지나간 적이 있다. 번번이 허탕 치면서도 벙글벙글 웃으며 걱정하지 말라던 친절한 소방관들, 여러 인종의 잠옷 전시장과 불안한 표정들이 기억난다.

스웨덴 북부 루레오(Luleo) 시에서 1986년 여름에 국제학회를 마치고 노르웨이 오슬로-홍콩을 거쳐 돌아오던 때였다. 홍콩공항을 이륙한 외국 국적 비행기가 삼십여 분 지나자 엔진에 문제가 있어 되돌아간다는 방송이 있었고, 하늘에 연료를 방출한 후 홍콩공항에 착륙한 적이 있다. 짧은 순간이었지만 지금도 그때를 생각하면 아찔함으로 다가온다.

2003년 여름 일본 큐슈 미나마타(Minamata)에서 수은오염학회를 마치고 후쿠오카의 한 호텔에서 출국 전날 하루를 숙박하던 밤이었다. 요란한 화재 경보에 놀라 12층 숙소 복도로 뛰어나왔다. 간밤의 폭우로 일 층과 지하층이 물에 잠겨 전기가 끊어졌으니 절대로 승강기를 타지 말라는 경고였고, 객실과 복도는 비상등으로 유지되고 있었다. 12층에서 2층까지 계단으로 오르내리며 오후에 귀국 비행기를 탈 수 있을까를 걱정했다. 정오가 되어서야 다행히 지상의 물이 빠져서 12층에서 짐을 계단으로 들고 내려와 택시로 이동할 수 있었다. 무사히 귀국 비행기를 탔지만 불안했던 전날 밤의 기억이 이제는 추억이 되었다.

태국 방콕에서 학회를 마치고 2008년 11월 귀국 하루 전날이었다. 방콕 국제공항이 데모 군중에 의해 점거되어 항공기 운항이 전면 중단된 적이 있었다. 이 학회에 함께 참석한 대학원생 다섯 명을 무사히 귀국시키며 고생했던 기억이 난다. 왕복 항공료를 절약한다고 타이 항공을 이용하였는데, 귀국 편에 이 항공은 아무 조치도 안 하고 오로지 기다리라고만 하였다. 다행히 우리 국적기의 도움으로 방콕 남쪽 파타야(Pattaya) 군용비행장을 이용하여 탈출하였다. 공항은 탈출하려는 수많은 여행객으로 영화의 전쟁터에서나 보던 아비규환의 광경이었다. 무사히 국적기를 타고 이륙하자 안도의 숨을 쉬던 기억이 새롭다. 학생들의 안전 때문에 수일간 노심초사하며 귀국 비행기의 좌석 확보에 불안해하던 기억이 난다. 외국에서 사고를 당하였을 때나 유사시에는 우리 국적기의 발 빠른 대응-특별기 파견을 보고 가능한 한 국적기를 타야 하는 이유를 깨닫게 되었다.

그동안 살아온 경험으로 보면 불안을 느끼는 경우는 미리 불필요한 걱정이나 근심에서 오는 듯하다. 이제는 비교적 낙관적으로 생각하며 살고 있다. 무언가 마음에 어둡고 불안한 일들이 다가와도 어려웠던 지난날을 생각하며 그때도 극복했었지 하며 위안한다. 불안하다는 심리는 약해진 마음과 정신에서 생기는 것 같다. 과감히 떨쳐 버리고 행동하면 불안한 마음은 자연히 없어지지 않을까.

• 문학秀, 2024. 1-2.

비에 받히고

나는 부슬부슬 내리는 비를 좋아한다.

연구실이나 카페의 창문 옆에 앉아 여유 있게 커피를 마시며 책을 읽는 낭만을 즐긴다. 예전에는 여름 장마철에 또는 가을 태풍의 피해로 수해를 겪곤 했으나, 최근처럼 연중 아무 때나 수일간 계속 내리는 폭우는 없었다. 계절에 상관없이 내리는 기습적인 폭우가 기후변화 영향이라니 역시 우리 인간의 책임이 크다.

비와 연관된 잊지 못할 사건이 생각난다.

초등학교 고학년 시절 한반도를 강타한 태풍 이름이 사라호 (1959년 9월 중순)였다. 한반도 기상관측 사상 최악의 태풍이라 했다. 나는 이때 정릉동의 작은 영단주택에 살았다. 이 서민 주택은 현관 마루에 방 두 개와 부엌이 딸린 단층집이었고, 담장이 나무 기둥 사이에 널빤지를 이어 부친 나무 담장이었다. 나는 이 담장이 비바람에 쓰러지지 않도록 비를 맞으며 두 손으로 오랜 시간 받쳐주던 기억이 난다. 그날따라 집에는 아무도 없었다. 장남의 책임감이랄까. 지금 생각해보아도 용감한 소년이었다. 담장을 밀어 받치며 무슨 생각을 했을까. 그날 허름한 나무 담장은 무너지지 않았다.

수십 년이 지난 지금도 태풍이라고 하면 '사라호'가 떠오르고 그 나무 담장이 생각난다. 사라호는 1950년대 말 한국 경제에 결정타를 날린 태풍이었다. 다음 해에 4.19혁명이 일어났고, 혁명 직후 정부는 태풍으로 인한 경제 침체에 대한 대안을 언급했을 정도였다. 1960년도 1인당 국민소득은 80달러 정도의 최빈국이었다.

영국 런던에서 1980년대 초 일 년간 연구 생활할 때였다. 숙소는 지은 지 백여 년이 넘는 천장이 높은 하우스였다. 대학의 기숙사로서 백여 세대가 입주해 있는 큰 건물이었다. 비가 계속 많이 내리던 어느 날 밤 잠결에 들은 화재 경보에 놀라 4층 숙소에서 일 층의 대형 응접실(common room, 비상시 대피 장소)로 모두 대피하였다. 소방차들이 오고 화재 점검이 있었으나 화재 현장이 발견되지 않아 각자의 숙소로 되돌아갔다. 이날 밤 화재경보기의 요란한 경보로 세 번이나 연속 대피 소동이 벌어졌다. 소방차가 다시 오고 점검이 이루어졌으나 아마도 심한 비로 인한 누전이나 경보기 고장인 것 같다는 결론이 났다. 번번이 출동하여 허탕 치면서도 벙글벙글 웃으며 걱정하지 말라던 친절한 소방관들이 생각난다. 일 층에 모였던 여러 인종들의 잠옷 전시장과 불안한 표정들이 기억나며 하룻밤을 걱정스럽게 설쳤다.

일본 규슈 미나마타(Minamata)에서 2003년 7월 중순 수은 오염학회를 마치고 후쿠오카(Fukuoka)의 한 호텔에서 마지막 하루

숙박하던 여름밤이었다. 자정 무렵 요란한 화재 경보에 놀라 12층 숙소에서 복도로 뛰어나왔다. 간밤에 계속된 폭우로 일 층과 지하층이 물에 잠겨 전기 시스템이 고장 났으니, 승강기를 절대 타지 말라는 안내였다. 객실과 복도는 비상등으로 유지되고 있었다. 12층 숙소에서 2층까지 계단으로 오르내려야 했는데 보통 일이 아니었다. 운동 삼아 고층 계단을 오르내리기는 했어도 어쩔 수 없이 고층까지 오르내린 적은 처음이었다. 아침에는 지상 주차장의 승용차들이 물에 잠겨 있었는데 정오경이 되어서야 물이 빠지기 시작했다. 숙소에서 짐을 끌고 걸어 내려와 택시를 타고 공항으로 향하던 기억이 난다. 무사히 그날 오후 귀국 비행기를 탈 수 있을까 걱정하던 그 황당한 밤의 기억이 이제는 추억이 되었다.

    고층에 숙소를 잡으면 툭 터인 전망을 즐겼는데, 이와 같은 비상사태에서는 높이 위치한 숙소가 오히려 위험하고 불편했다. 세상만사 일장일단이 있음은 당연하다. 이제는 고층에 숙소 정하는 일을 별로 달가워하지 않는다. 나는 현재 36년째 아파트의 일 층에서 불편 없이 살고 있다.

• 에세이스트작가회의 연간집 『치자꽃 향기의 여운』, 2023. 10.

살아 있다는 의미

나는 규칙적으로 운동하는 습관이 없다. 내 나름의 건강 유지 방법이 있다. 감기를 예방하기 위해 매일 레몬을 섭취하고 소금물 가글을 목젖까지 여러 번 한다. 건강을 위한 한약이나 영양제는 거의 먹지 않는다. 골고루 음식 섭취가 영양을 보충한다고 믿고 있다. 일상의 교통은 BMW(Bus-Metro-Walking)를 애용하고 있고 하루에 만 보 걷기를 꾸준히 하고 있다. 아마도 그 덕택에 코로나 팬데믹에도 무사했던 것 같다. 교수 재직 중 아침형 인간이 되려고 노력했다. 연구실에는 학생들과 함께 월요일부터 토요일까지 오전 8시 이전에는 출근하여 하루 생활을 시작했다.

대학에서 학생들과 생활하다 보면 본의 아니게 노파심이 늘어 잔소리가 많아진다. 사은회에서 덕담 요청을 받으면 상식적인 얘기를 하려고 노력했다. 스스로 한 얘기에 대한 책임감과 구속이 싫은 탓도 있지만, 솔직한 마음으로는 덕담의 기회가 가능한 한 적었으면 했다. 인격적으로 원숙의 단계에 계신 분이나 존경을 받는 분이 덕담을 할 수 있다고 생각하기 때문이다.

나는 평생 교육자로 살아왔지만 제자나 가족이라 할지라도 나의 방식대로 그들의 삶을 강요할 수는 없다. 내가 소중히 여기며 지켜온 삶의 태도나 방식이 반드시 옳다고 할 수도 없으며 모든 사람에게 똑같이 적용되기도 어려운 것이다. 다만 내가 지금껏 지켜왔던 생활방식으로 오늘날 이만큼 건강을 유지하고 활기찬 생활을 할 수 있다고 믿고 있다. 기회가 될 때마다 건강과 마음의 평정심을 유지하며 생활할 수 있는 나름의 비법을 말해주는 것으로 덕담을 대신하고 있다.

생활에서의 불행은 여유가 없는 마음가짐에서 오지 않나 생각한다. 물질적으로나 정신적으로 여유가 없으면 자신의 욕심과 이기심을 극복하지 못하고 끊임없는 요구와 강요가 뒤따르기 때문이다. 여유는 최선의 노력을 다하고 기다리는 자세, 타인에게 불편을 주지 않으며 강요하지 않으려는 마음가짐, 사리를 합리적으로 판단하고 상식선에서 행동하려는 생활에서 시작된다고 믿어진다. 지구본을 들여다보면 우리가 살고 있는 한국이 얼마나 작은 나라인가를 깨닫게 된다. 우리의 영토는 좁으나 자신의 노력으로 우리의 활동무대와 정신세계를 무한히 넓혀 갈 수 있다.

나는 살아 있다는 의미를 '걸을 수 있으며, 가족들과 지인들에게 폐를 끼치지 않으며, 남을 배려할 수 있으며, 자신이 좋아하는 일이 있고 그 일을 즐기며 살 수 있을 때'라고 생각하고 있다. 집안의 장남으로서 부모님의 장기간 병환을 겪으며 내게 남겨진 신념인지도 모른다. 조용히 편안하게 보내드려야 할 부모님이나 지인들을 입원-퇴원을 반복하며 단지 생명만을 연장하는 주변 모습에 익숙하지 않다. 중환자실에서 의식이 없이 산소마스크로 생명을 연장하는 식물인간의 모습을 보이지 말라고 아내와 자녀들에게 누누이 다짐을 주고 있다. 작은 일에 욕심을 내다가 인격이나 신뢰, 존경, 믿음을 잃지 말라고 충고하며 스스로 조심하고 있다.

지금까지 병원에 입원해 본 적은 없지만, 앞으로 나이가 더 들어 병원을 자주 찾고 입원하게 된다면 가족들에게 또한 주변의 친지들에게 민폐를 끼치지 않을까 염려가 된다. 의식불명 상태로 병원에 입원하더라도 중환자실에서 산소마스크를 쓰지 않고 조용히 죽음을 맞을 수 있는 서류 작성법을 알게 되어 안심하고 있다. 가능하다면 수의보다는 평소 즐겨 입던 셔츠를 입고 시신은 화장하며 가족과 친지들에게 생전의 자신만만하고 건강하며 열심히 살던 아름다운 추억을 남겨주자는 생각이 깊다.

노인에 대한 부정적인 이미지, 즉 잘 잊어버리기, 느리고 약함, 소심과 옹고집, 구태의연함, 의존적이며 통제 불능 등이 있다. 이러한 견해가 노인의 역할을 고정화하고 도외시한다. 나는 오히려 노인에 대한 긍정적 생각, 즉 지혜로움, 신뢰감, 폭넓은 직장 경험과 대인 관계, 자유로움, 오랜 생활에서 우러난 충고 등을 추천한다. 노인이라고 체념하며 포기하기보다는 아직도 내겐 할 일이 많고 못 할 일이 없지 하는 적극적 사고방식과 생활 자세를 선호한다.

톨스토이는 '인생에서 중요한 시기는 바로 지금이며, 가장 중요한 일은 현재 하고 있는 일이며, 만나야 할 중요한 사람은 현재 만나고 있는 사람'이라고 했다. 일생동안 할 일이 있는 사람은 행복한 사람이다. 교양이 없고 예술을 모르는 사람은 속물임을 잊지 말아야 한다. 높은 교육을 받고 좋은 지위에 있으며 재산이 많은 사람은 사회와 이웃에 대하여 의무와 책임이 있음을 알고 봉사와 헌신의 자세가 되어 있어야 존경받을 수 있다. 교양이 있다는 말은 독서를 좋아하여 역사와 문화와 예술을 알며 세계를 아는 상식이 있는 사람이라는 의미일 것이다.

  우리들의 생활에도 기쁨과 웃음이 넘치고 이웃에도 관심을 가지는 여유 있는 생활이 함께하기를 희망해 본다.

• 에세이스트, 2023. 11-12.

세 가지 좌우명

나의 좌우명은 세 가지이다.

오늘 새로운 것이 무엇인가? (What is new today?)
다음은 내가 무엇을 해야만 할까? (What should I do next?)
남을 위하여 나는 무엇을 할 수 있나? (What can I do for you?)

사십여 년 전 일본 도쿄대학에서 박사후(Post-doc) 연구 시절 연구실 룸메이트이던 NS 박사가 미국 프린스턴대학교에서 연구 생활할 때의 경험을 내게 들려준 적이 있다. 그의 지도교수였던 H 교수는 아침마다 연구실을 돌며 첫 질문이 "What is new today?"였다 한다. 이 교수님은 저명 국제학술지에 논문을 워낙 많이 발표하여서 본인의 논문이 몇 편이나 되는지 모를 정도라고 소문이 난 분이었다. 이 질문에 대해 연구생이 답변하면 그때부터 교수님과의 토론을 시작했다고 했다. 나는 이 말을 나의 첫 좌우명으로 삼았다.

도쿄대학에서 내 지도교수이던 HS 교수의 신조는 "What should I do next?"였다. 어떤 한 가지 일에 마침표를 찍고 나서는 "다음에 내가 무엇을 하여야만 하지?"라는 자신에게 하는 질문이다. 이 질문의 대답에는 먼저 아이디어가 필요하고, 다음에 해야 할 행동을 진취적이고 체계적으로 수행하는 습관이 되게 했다. 나는 이 말을 나의 두 번째 신조로 하였다.

내가 모교에서 교수 생활하며 스스로 터득한 질문은 'What can I do for you?'였다. 주변이나 이웃, 또는 사회 공동체에 어떤 봉사나 배려를 할 수 있나 하는 질문이다. 나는 지인들이나 제자들과의 모임에서 덕담을 요청받으면 또는 강의나 강연하는 자리에서 상기한 세 가지 좌우명을 자주 언급하곤 하였다. 세 문장의 의미는 매우 쉬워 보이나 이 질문에 맞게 생활하기가 쉽지 않음을 느끼게 한다.

오늘 새로운 사실이 무엇인지에 대해 답변하려면 적어도 지금까지 이루어진 많은 정보와 내용을 알아야 한다. 전공 분야의 연구에서라면 현재까지 발간된 연구 문헌을 조사하고 이해하여야 하므로 많은 공부를 하여야 한다. 전공 분야에서 새로운 아이디어도 없으면서 연구비가 없다, 분석기기가 없다, 인력이 없다 등의 핑계나 불평은 할 수 없다. 요즈음은 참고문헌의 검색이나 고가의 분석 기기 확보가 워낙 쉬워진 시대이다.

나의 능력과 수준에서 남을 배려하고 도와주려 하는 자세는 이 시대가 요구하는 지성인의 역할이다. 인생에서 성공한 사람은 교양이 있고 남을 배려할 줄 아는 사람이라는 믿음을 가지고 있다.

남을 배려하고 도와주려면 두 가지의 방법이 있을 수 있다. 하나는 시간을 내어 몸으로 봉사하는 것이며, 다른 하나는 시간 여유가 없어 물질적으로 돕는 것이다. 두 가지를 모두 할 수 있다면 금상첨화이다. 그동안의 인생 경험으로 보아 남을 도와주려면 시간적으로나 물질적으로 좀 더 여유가 있고 풍족하였으면 하는 바람이 많다. 그동안 좀 더 열심히 많은 재산을 모았으면 더욱 적극적으로 도와줄 수 있는데 하는 아쉬움이 있다.

나는 지금도 남에게 베풀면 베풀수록 그 좋은 결과가 자기에게 또는 그 가족에게 돌아오는 행운을 경험적으로 믿고 있다. 나이 들어가며 조심할 일은 주위에 섭섭함과 노여움 또는 노욕을 보여 주지 말고, 말을 적게 하며 조용히 모범을 보여 주라고 권면하고 있다. 이웃을 위해 봉사하고 웃음으로 친절한 모습을 보이는 겸손한 지인들을 본받으려고 노력한다.

• 문예바다 겨울호, 2022.

이게 나예요

부부 동반 모임이었다. 우리 부부 동반 모임에서 좌석 배치는 남편은 남편끼리 아내는 아내끼리 따로 함이 보통이다. 이날은 무슨 모임이었는지 부부가 나란히 옆에 앉아 서로 마주 보며 얘기를 나누었다. 여러 부부가 마주 앉아 있는 테이블에서 내 앞에 앉은 부인과 내 아내의 대화이다.

"사모님은 참 좋으시겠어요. 교수님이 가정적이고 다정다감하시니."
"집에서는 빵점이에요."

이런 점수는 나도 처음 들어보는지라 매우 놀랐다. 내 앞에서 남편 험담을 다른 부부에게 분명하게 말하는 아내에 대해 더욱 놀라웠다. 내 성격은 아내가 설령 빵점이라도 다른 부부 앞에서 또는 타인 앞에서 절대 그렇게 말하지 않는다.
그 다음의 대화 내용이다.

"사모님 그럴 리가 있나요. 못 믿겠는데요. 교수님 좋은 점이 많지 않겠어요."

"집에서의 장점은 두 가지인데요. 하나는 매월 집에 월급을 갖다주고는 한 번도 어디에 썼는지 물은 적이 없어요. 또 하나는 집에서 식사할 때 음식 투정 없이 차려준 대로 무엇이나 잘 먹어요."

위의 대답은 칭찬으로 들렸다. 결혼한 지 수십 년간 내 실제가 그랬다.

결혼 직후부터 대학에서 정년 퇴임할 때까지 40여 년간 마음 편히 쉬어 본 기억이 별로 없다. 학교와 학회 업무로 언제나 바쁘고 시간 여유가 없는 생활이었다. 결혼할 때는 박사과정 학생으로 대학의 조교였고, 다음에는 시간강사, 외국 대학에서의 박사 후 연구 생활의 계속이었다. 교수 재직 중에는 강의와 연구와 해외 활동으로 방학이나 주말 또는 공휴일이 거의 없었다. 아마도 집에서 아내와 자식들이 보면 학교와 결혼하고 살아가는 사람으로 보였을 것이다.

집안에서 스트레스를 가장 많이 받는 일은 이사하기와 경조사이다. 나는 이사가 귀찮고 시간 여유가 없어 결혼 이후 지금까지 이사를 두 번만 했다. 결혼해서 미아리에서 5년 살고 직장 부근 봉천동으로, 다음은 봉천동에서 8년 살고 서초동으로 이사해서 36년째 한 곳에서 살고 있다. 그동안 부모님이 모두 작고했고, 아이들 셋도 모두 출가했다. 내가 생각해 보아도 내가 가정을 위해 시간을 내어 스스로 한 일은 별로 없다. 아이들 양육은 장모님과 아내의 몫이었다. 이제 거울 앞에 선 나를 본다면, 정년 퇴임을 한 자존심 강한 명예교수이고, 여전히 내 능력으로는 무엇이나 못할 게 없다고 생각한다. 나는 5형제의 장남으로서 아내는 맏며느리로서 부모님이 돌아가실 때까지 책임과 의무가 컸다. 아버님은 11년간 뇌질환으로, 어머니는 치매 노환으로 5년여간 자리를 보존했다. 부모님의 병문안과 입원과 병 구환 등 모든 처리는 맏며느리인 아내의 일이었다. 동생들네는 잠깐 왔다 가는 방문객에 불과했다.

다행히 학회 참석이나 회의로 해외 출장이 잦아 일주일 정도 홀로 체류하면서 생각할 시간은 많았다. 지나간 세월을 곰곰이 반추하며 반성도 하고 후회도 했다. 특히 바쁘다는 핑계로 자식들과 부모님을 제대로 챙기지 못한 후회를 하며 아내에게 감사하곤 했다. 이제는 어린 손자 둘, 손녀 한 명인 할아버지가 되어, 집에서 빵점짜리 남편을 벗어나려 매주 화요일 아침 분리수거는 내가 담당한다.

그런데 화요일은 어찌나 빨리 돌아오는지 세월이 빠르긴 한가 보다.

• 리더스에세이 가을호, 2023.

작가의 방

작년 초 외손자가 자기네 집으로 돌아갔다. 내 맏딸은 '외손자'라는 단어에서 '외'자를 빼라고 강력히 요구한다. 손자는 십이 년 전 태어나자마자 내 집으로 왔다. 딸이 지방대학교의 교수여서 주중에는 우리 집에서 돌보아야 했다. 매주 금요일 저녁에 사위가 와서 손자를 데려가고 일요일 저녁에 다시 맡기러 왔다. 작년 3월 초등학교 5학년이 되자 중학교 배정을 일 년 앞두고 주민등록 이전과 함께 전학했다. 그동안 우리 집 안방을 딸과 손자가 차지했다.

내가 사는 아파트는 30여 평대여서 안방과 작은 방 두 개, 거실이 있다. 여기서 유년과 소년 시절을 보낸 손자는 안방과 작은 방 한 개도 차지하며 살았다. 침대, 책상과 의자, 책장, 장난감과 놀이 기구 등으로 많은 공간이 필요했다. 내 유일한 공간은 서재로 쓰는 작은 방 하나였고, 아내와 나는 거실이 생활 공간이 되었다.

내가 사용하는 공간이 작은 방 서재 하나로 국한되자 방안은 책상과 의자, 책장과 책으로 가득 차서 누울 자리도 없었다. 보관할 장서 수는 계속 늘어나서 급기야 책을 보관할 공간이 필요했다.

우여곡절 끝에 최근에 서울에서 두 시간 이내 거리이고 교통이 편리한 지방에 내 서고를 마련했다.

그동안 컴퓨터가 거실에 TV와 함께 있어서 글쓰기 작업을 자주 하는 나에게는 무척이나 불편했다. 컴퓨터를 가족이 공동으로 사용하고 있었고, TV 시청 경우에는 글쓰기 작업에 방해가 되어서 주로 새벽 시간을 이용해 왔다. 이제는 나만의 서재 공간에서 컴퓨터를 이용하니 자유로이 글감을 정리할 수 있다. 거실과 안방을 되찾아 얼마나 생산적일지 잘 모르겠으나 이제는 내 공간을 확보했다는 기분이 든다. 내가 필요한 작업의 진도가 향상되리라는 기대감, 집안의 어느 공간에서나 쉴 수 있다는 편안함이 나를 기쁘게 한다.

요즘도 손자는 내 집 부근에 있는 학원에 다니느라 주중에 삼일은 우리 집에 온다. 다음 날이 주말이거나 공휴일이면 하루 자고 간다. 여전히 안방은 자기 방이고 침대도 자기 침대라고 우긴다. 갓난아기부터 자라난 자기 공간에 대한 애착 때문이리라.

금년 초부터 막내딸이 두 살 난 손녀와 함께 연휴나 주말이면 우리 집에서 묵는다. 이 년 동안 연구소 직장을 휴직하고 육아에만 전념하더니 복직과 박사학위 논문 제출을 앞두고 우리 집에 수시로 손녀를 맡기려는 속셈이다. 우리 집에 있던 손자가 제집으로 옮겨 갔으니 자기 차례라 생각하며 부담을 덜 느낄 것이다. 어쩌겠는가. 만만한 곳이 본가이니 도와줄 수밖에 없다. 손주들 뒷바라지에서 언제쯤 벗어날까.

그동안 손주들에게 많은 양보를 해 왔다. 손주 돌보기에 주중에는 저녁 시간 약속이 어려웠다. TV 시청도 손주가 잠들어야만 가능해서 시간에 맞추어 프로그램 보기가 만만치 않았다.

나는 현재 거주하는 아파트에서 37년째 살고 있다.

이사는 내게 가장 큰 부담스러운 일이어서 이사라는 말조차 꺼내지 않는다. 이젠 나에게 작가의 방과 여유 공간이 생긴 셈이다. 내 서재에서 나만 쓰는 컴퓨터와 이동식 책장이 뿌듯하게 보인다. 이 방에서 감동을 주는 작품을 쓰게 될까.

그간 지내온 안방에서 내 생의 마지막을 맞이하고 싶다.

• 리더스에세이 봄호, 2024.

인공지능과 글쓰기

 수년 전 분당에 위치한 네이버 본사를 방문한 적이 있다. 네이버에서 S대 명예교수진을 단체로 초청한 산업시찰 행사였다. 당시 그 회사의 연구 개발 내용을 설명할 때 특히 로봇 분야가 흥미로웠다.

 도서관에서 열람번호가 부착된 도서를 서고에 잘못 배열했을 때 사람이 이 책을 찾아내기는 보통 어려운 일이 아니다. 이 경우 이동하는 로봇을 이용하면 쉽게 해당 도서를 발견할 수 있다. 여러 단계의 복잡한 공정에서 로봇을 이용하여 기계적으로 부품을 장착하는 기술은 이미 잘 알려져 있다. 특히 인명 사고의 위험이 높은 공정에서는 매우 편리하고 성공적이다. 그러나 이런 로봇이 스스로의 사고 능력과 창조적 개발 능력이 있는지에 대해서는 회의적이다.

 최근에 인공지능 ChatGPT가 화제이다. '스마트 폰에 ChatGPT를 가지고 다니면 마치 개인 교사를 늘 옆에 두고 사는 것과 같다'고 한다. 날마다 ChatGPT와 대화할 수 있고 필요한 정보나 지식을 제공하며 심지어 충고나 안내도 받을 수 있다 한다. 나는 지금까지 인공지능을 이용하여 글쓰기를 해본 경험은 없다. 내 동료는 시험 삼아 본인의 이름으로 '내가 누구인가?'를 질문했다 한다. 동명이인이 많은 탓이겠지만 매우 적은 자료만 본인과 일치했고 나머지는 모두 다른 사람의 자료였다고 했다.

문인 중 한 분은 베트남 한 지역의 여행 산문을 쓰며 먼저 그 지역의 자료를 인공지능으로 검색하여 충분한 자료를 얻을 수 있었다고 했다.

내 경우를 보면, 석사나 박사학위 논문을 작성할 때 논문 주제에 대한 사전 연구 자료를 정리하여 보통 한 개의 장(chapter)으로 작성한다. 이미 논문으로 출간된 전문적인 주제의 사전 발표 자료를 일목요연하게 정리하여 제공해 준다면 시간적으로 또한 내용 면으로 큰 도움을 받을 수 있다. 또한 실험 데이터를 입력하여 통상적인 통계적 해석을 하여 준다면 논문 작성에 엄청난 도움을 받을 수 있다. 물론 논문 작성자 고유의 해석은 다를 수 있다.

요즈음 대학에서 학생들의 과제물 리포트나 논문이 인공지능으로 작성되어 공부와 노력 없이 학점을 이수하는 easy-going 풍조가 만연될까 걱정이 된다.

문인들 입장에서 보면 작가 대신 인공지능이 글쓰길 할 수 있으니 문제이다. 허구인 소설을 작가 대신 구성하고 스토리를 그럴듯하게 만들어간다. 작가 자신의 체험을 서정적으로 완성해야 하는 수필의 경우는 어떨까? 인공지능의 역할이 어느 정도나 될까. 예를 들면 작가의 수필 주제가 〈내 인생의 푸른 시절〉 또는 〈내 생애 최고의 순간〉이라면 인공지능에 의해 여러 작가의 유사 제목 수필을 정리 요약할 수는 있겠으나 작가 고유의 경험담이나 사고 또는 철학적 인식은 쓸 수 없을 것 같다. 오직 작가 자신만이 쓸 수 있으리라.

인공지능의 도움으로 작성된 수필을 마치 본인이 쓴 것처럼 발표할 수 있을까? 최근 우리 사회는 인공지능으로 인해 엄청난 혜택을 받고 있다. 하지만, 작가 자신의 체험과 지식이 서정적으로 우러나오는 수필 고유의 글쓰기 영역은 영원히 침범되지 않을 것이다.

• 리더스에세이 심포지엄 〈인공지능과 협업하는 작가〉, 2023. 9.

저출산 문제와 인문학의 역할
◦ 화상 인터뷰 토론

01. 한국의 근현대에서 저출산의 원인은 무엇이며 변곡점은 어느 시기라고 보시는지요?

저출산의 원인은 젊은 부부의 경제적, 시간적 원인과 자녀 육아 방식과 책임이 원인으로 요약됩니다. 경제적 원인은 주택비와 생활비와 오르는 물가 등입니다. 맞벌이 젊은 부부의 경우 주중에는 출퇴근과 직장 업무로 인해 휴식할 시간은 주말이나 휴가 기간인데 자녀가 있는 경우 쉴 수가 없습니다. 요즘은 자녀가 한 명이어도 어릴 때부터의 육아 방식이나 선행 학습 교육 등으로 교육비의 지출이 만만치 않습니다. 제가 듣기로는 자녀 한 명인 맞벌이 부부의 전체 봉급에서 거의 절반이 자녀 양육비로 지출된다고 하며 저축도 어렵다고들 합니다.

  제가 이미 경험했습니다만 1980년대는 한 가정에 자녀 두 명 이내로 제한하기 위해 세 번째 자녀 출산은 의료보험 혜택이 없을 정도로 인구 팽창을 억제하였으니 참으로 앞을 내다보지를 못했습니다.

OECD국가 출산율에서 한국은 최하위입니다. 한국은 지난 2017년 출산율이 1.05명이었으나, 2018년에는 0.98명, 2021년에는 0.81명, 최근에는 0.7명대로 감소할 것으로 예측하고 있어 인구 감소 추세가 이미 다가오고 있습니다. 변곡점은 1.0명 이하로 떨어진 2018년부터로 보입니다.

02. 현대사회에서 여성의 역할 중 결혼과 직업이 갖는 의미와 필연성, 해결을 위한 접근방식에 대해 말씀해 주시길 바랍니다.

과거에는 가정에 자녀가 태어나면 육아의 부담을 여성이 거의 전적으로 맡았습니다. 그러나 지금은 한 가정에 자녀 두 명 이내의 가정에서 여성이 자라나 적절한 교육과 경험을 쌓으며 개인 생활 유지와 독립과 자기 개발을 위해 열심히 노력하고 취업하며 자기 발전을 추구합니다. 여성은 결혼하더라도 이러한 생활 자세를 계속 추구하기를 원하며 남편이나 시댁에 또는 가정에 예속되기를 원하지 않는 것으로 보입니다.

현대사회에서 여성은 충분한 교육을 받고 적절한 사회생활을 위한 능력과 자질을 갖추고 있다면 당연히 직장을 갖고 자기 일을 개발하며 자격이 있는 사회인이 되어야 합니다. 제가 아는 예로서 젊은 부부 두 사람이 박사 학위를 취득한 최고의 전문가였는데, 부인은 본인의 연구원 생활을 유지하기 위해 자녀 갖기를 원치 않는다고 들은 적이 있습니다. 이러한 문제는 부부 두 사람의 심각한 문제이므로 두 사람의 의견과 결정에 따를 수밖에 없습니다. 아이가 출생하여 육아를 돌보아 줄 상황이 안된다면 이 부부의 결정에는 의미가 있습니다.

03. 가정과 학교 교육시스템에서의 출산의 중요성과 의식의 변화는 어떻게 접근해야 하는지요?

젊은 남녀가 결혼하여 가정을 이루는 경우 일반적으로 부모님이나 주변에서는 이 부부가 자녀를 가지리라 기대합니다. 문제는 자녀를 출생하였을 때 초등학교에 입학 전까지 유년기를 어떻게 돌보아 줄 수 있느냐 입니다. 젊은 부부 모두 일정한 직장을 가지고 있다면 부모님이 대신 육아해 줄 수 있는지 또는 육아 전담 돌보미가 있는지 문제입니다. 출산의 중요성은 상식적으로 잘 알고 있습니다. 문제는 출산을 하였을 때
 육아를 어떻게 해결할 수 있는가의 방법 제시입니다. 정부나 지방자치단체에서 출산을 하면 경제적으로 어떤 보조를 하고 지원하겠다는 방법으로는 해결할 수 없습니다. 출산을 한 여성이 직장에서 출산 휴가를 일 년 또는 이 년 받으며 경제적으로 지원 받을 수 있어야 합니다. 그 후에는 육아를 위한 시설이 준비되어 여성의 직장 생활 계속이 가능하여야 합니다. OECD국가로서 출산율이 높은 영국, 프랑스, 스웨덴, 덴마크 등의 육아 지원 시스템을

참고 도입할 필요가 있습니다.

04. 진정한 여성의 차별 인식의 수용(모성, 감성, 구체성)과 의식의 변화를 어떻게 접근할 수 있는지? 그리고 여성이 결혼과 출산을 적정한 연령에 우선적으로 결정할 수 있는 문화적 의식 조성 방법에 대해 논의해 주시길 바랍니다.

여성이 적절한 연령에 안심하고 기대하는 결혼과 출산을 할 수 있는 사회적 기반 시스템이 중요합니다. 예를 들면 출산 이후 적어도 일 년 또는 이 년까지 안심하고 휴직할 수 있으며 봉급이 일정 비율로 지원된다든지, 재택 근무가 가능해진다든지, 유아의 보호와 육아를 공동 관리할 수 있는 기관이나 시설 시스템의 완비라든지 육아 휴직으로 인한 여성의 불이익이나 경력 단절이라든지 하는 사회적 차별과 대우를 개선해야 합니다.

05. 복합적인 원인들을 배태한 저출산 문제에서 문학인과 문학의 역할은 무엇일까요?

결혼과 출산과 육아에 대한 희망과 기쁨과 그 보람에 대한 문화적인 변화가 필요합니다. 문학인들은 글과 공개 토론을 통해 언론이나 방송 매체 등 관계 지면에 결혼과 출산율을 높이기 위한 제안과 아이디어의 제공으로 정부와 지방자치단체가 열성적으로 추진할 수 있게 설득하여야 합니다. 청년 실업 문제의 해결, 여성이 출산 후에도 안심하고 근무할 수 있는 육아 공공시설의 건립, 주택 문제에 대한 경제적 지원, 출산 여성의 사회적 진출에 대한 성공적 사례 등을 홍보하는 역할을 담당해야 합니다.

• 월간 시See, 2023.10.

인연

HS 교수와의 40년 동행

내 평생의 인연인 HS 교수님을 1979년 여름 서울에서 처음 만났다.

그는 그때 일본 도쿄대학의 조교수로서 40대 초반이었으나 이미 전공 분야에서 국제적 수준에 올라 있는 연구자였다. HS 교수는 자그마한 체구에 홍안이면서도 머리는 백발인 수재 형이었다. 나는 그해 2월 모교에서 공학박사 학위를 마친 때였다. 그의 한일 공동연구에 내가 한국 측 연구원으로 참가하면서 인연이 시작되었다. 나는 한 달간 그와 함께 '한국의 화강암 분포지역과 관련 광화작용 연구'를 목적으로 거의 전국에 걸쳐 현장 지질답사를 했다. 이 시기에 나는 화강암 활동 관련 금속-비금속 광화작용에 대하여 현장 방문 경험을 통해 심도 있게 공부할 수 있었다.

이 인연을 시작으로 다음 해 봄에 HS 교수연구실에서 박사후(Post-Doc.) 연구를 시작하게 되었고, 그 이후 교수 생활 평생의 인연이 되었다. 그는 도쿄대학 출신으로 이 대학에서 박사학위를 취득한 후 조수(우리의 조교수)로 재직하다가 캐나다 맥킬대학교로 유학, 박사후 연구 과정을 마치고 모교로 돌아와 교수 생활을 계속한 전형적인 도쿄대학인이다. 도쿄대학의 교수가 되려면 도쿄대학 출신으로서 이 대학에서 박사 학위를 취득하고, 영어권의 유명 대학에서 박사후 연구 경험을 쌓고 돌아오는 과정을 거치는 게 일반적이었다. 그는 현재 일본 도쿄대학 명예교수로서 80대 중반이다. 도쿄에서의 마지막 대면이 2016년 12월이나 여전히 연락하고 있으니 40년이 훨씬 넘는 인연이다. 그는 정년 후 자원봉사로 일주일에 하루 대학 박물관에서 암석 광물 시료를 분류 정리하고 있었다.

교수님의 좌우명은 "What should I do next?"였다. 한 가지 업무를 마치고 나서 "다음에 나는 무엇을 하여야 하지?"라는 질문은 항상 준비하고 아이디어를 개발하려 하는 자세였다. 나도 그의 좌우명을 나의 좌우명으로 삼으며 교수 생활을 시작했다. HS 교수의 매사에 겸손한 예의와 조용하고 차분한 목소리, 학문적인 자존심과 수월성에 대한 자신감은 내게 교수로서의 롤 모델이 되었다.

본인의 연구 관련 업무는 조교나 대학원 학생들에게 맡기지 않고, '내 일은 내가 스스로 한다'는 정신과 고집은 배울만하였다. 연구실 생활로 서로 가까워지자 홀로 유학 나와 생활하는 나를 집으로 식사 초대하여 주고 물심양면으로 배려하여 준 정성과 친절을 잊을 수 없다. 그는 매우 솔직한 면이 있다. 한 번은 내게 '여성을 좋아하느냐'는 질문을 했다. 나는 그의 질문이 너무 의외이고 교수의 질문으로 적절치 않게 보여 대답은 피하고 미소만 지었다. 그는 내게 '나는 여성을 좋아한다, 남자가 여성을 좋아하지 않는다고 말한다면 그는 남자가 아니고 위선자이다'라고 말할 정도로 솔직한 분이었다. 내게 일본어 회화를 빨리 배우려면 도쿄에서 일본 여성을 친구로 사귀라고 했으나 기회는 없었다.

내가 모교의 조교수로 발령받고 나서부터는 외국에서의 국제학술회의 참가나 야외 현장답사 프로그램에 함께 참가하는 일이 잦아지고 숙소에서의 룸메이트가 되어 왔다. 한일공동방문연구와 현장답사, 초청 강연, 실험실 방문을 통한 공동연구와 국제학술회의 참가, 학회지의 논문 게재 등 일련의 학술 연구 활동이 서로 연계되어 진행되어왔다.

1980년대만 하더라도 도쿄대학의 국제적 수준이나 연구실 환경은 우리와 상대가 되지 않을 정도로 앞서 있었다. 당시의 도쿄대학은 세계대학평가에서 하버드대학교와 순위를 다투는 대학이었다. 국제학술회의나 국제학술지에 발표할 논문을 작성하기 위해서는 그곳의 실험기자재를 빌릴 수밖에 없었다. 방학 중에 실험실을 방문하여 직접 실험하고 연구 데이터를 얻어 논문을 쓰는 형식이었다. 우리도 2000년대 이후에는 국내 대학과 연구원에 억대 이상의 분석 기기들이 설치되어 있어 굳이 외국 대학을 방문하여 실험하는 그런 수준은 이미 지나 있다.

나는 도쿄대학 혼고(本鄕)캠퍼스를 방문할 때마다 캠퍼스 내의 객원 숙소를 이용하였고, 방문 동안 도쿄대학을 거의 벗어나지 않았다. 이 객원 숙소는 도쿄대학 교수진만이 예약할 수 있는데 숙박비도 저렴하고 우선 편리하다. 학내에 차량 진입이 통제되어 있어 조용하고 깨끗한 환경과 연못, 가로수 등 좋은 그린 환경이 조성되어 있다. 단기 방문에도 심신이 차분해지는 기분이 들었다. 이 캠퍼스를 방문하며 숙박한 지도 10여 회 이상 되리라 본다.

앞으로는 도쿄대학의 방문 기회가 거의 없을 것이다. HS 교수도 이미 80대 중반이고, 다음 세대의 안면이 있는 교수들도 대부분 정년 퇴임하여 객원 숙소를 예약해줄 교수가 없다. 이제는 완전히 새로운 세대의 교수진이 구성되어 있어 더 이상의 공동방문 연구나 초청 강연 등의 학술 활동을 기대할 수 없다. 그동안의 방문에서 달라진 점은 전통을 고수하며 과거의 낡은 건물들을 사용하던 대학 구내에 새로운 스타일의 연구동들이 들어서고 있어 시대가 바뀌고 있음을 절감하였다.

내 일생에 HS 교수와 수십 년간 만나오며 교류한 기회는 행운이었다. 빈틈없이 확실한 그의 언행은 배울 점이 많았다. 내 인생에 많은 영향을 주고 한국을 사랑하는 그가 건강해서 앞으로 서울을 방문해 줄 수 있다면, 내가 그를 안내할 기회가 있으면 하는 바람이다.

• 디지털문인협회 4호 문집『내 인생 최고의 동행』, 2023. 11.

다시 찾은 가방

우산을 잃어버렸다. 가장 아쉬운 기억은 영국 펄튼(Fulton) 제품의 수동 장우산을 잃었을 때이다. 이 우산은 검은색의 스틱(지팡이) 모양으로 영국 신사들의 신변 보호 겸용이다. 국내 유명 백화점에 수입 납품하는 지인이 수년 전 내게 준 선물이었다. 펄튼은 1956년 설립된 전통과 기술력으로 영국 왕실의 무한한 신뢰를 받는 왕실 전용 브랜드이다. 엘리자베스 2세 여왕이 즐겨 사용하던 세계적인 명품이며 광고 팜플렛에 우산을 쓰고 있는 이 여왕이 실제 모델이다.

광화문 대형서점에서 화장실 소변기 옆에 세워 둔 이 우산을 잊고 나와서 십여 분 후 다시 돌아갔으나 이미 사라진 후였다. 서점 안내에도 습득물로 접수된 우산은 없었다. 나는 이 우산을 잃어버리고 나서 무척 안타까웠다. 요즘 시민 의식이 남의 잃어버린 물건을 보아도 그 자리에 그대로 놓아두거나, 습득한 분실물을 접수창구에 신고하는 수준이기 때문이다.

올 6월 중순이었다. 미국 이민 생활에서 30년 만에 서울을 찾은 처형을 맞으러 아내와 함께 인천공항으로 마중 나갔다. 입국 수속이 오래 걸렸는지 항공기가 도착하고도 거의 한 시간 반 만에야 도착 게이트에서 처형을 맞이할 수 있었다. 인천공항에서 공항열차로 김포공항역까지, 그곳에서 다시 지하철 9호선으로 환승했다. 지하철 출발 후 10여 분 정도 되었을 때 처형이 등에 멨던 '작은 백팩이 어디 갔지?' 하신다. 공항열차에서 그 가방을 좌석에 놓고 내린 것이다. 큰 여행 가방은 내가, 작은 가방은 아내가 운반했고 처형이 갈색의 작은 백팩을 멨었다.

나는 즉시 지하철분실물센터에 연락했다. 그 시간이 오후 7시가 넘어서였다. 가방의 색깔과 모양, 가방 속의 물건들을 알려주었다. 공항열차를 타고 오며 처형에게 승차 칸 내벽에 보이는 영상 화면을 설명하면서 거기에 적힌 열차 번호까지 기억하고 있었기에 그 번호도 알려주었다. 나는 처형에게 혹시 가방에 현금이나 다른 귀중품은 없느냐 물었더니 다행히 없다고 했다. 그러면 찾을 수 있으니 분실물센터에서 연락이 오기를 기다리자고 안심시켰다.

집에 도착하자마자 부랴부랴 분실물센터에 다시 연락했다. 공항철도의 종점이 서울역이어서 분실물을 수거했다면 서울역에서 보관하리라 추측했다. 담당 직원은 서울역 종점에서 승무원과 청소담당자가 분실물을 일괄 수거하여 한 장소에 모아 정리하기 때문에 그때 신고한 분실물이 발견되면 연락해 줄 테니 기다려달라고 친절하게 안내해 주었다. 그날 밤 11시경 분실물센터로부터 연락이 왔다. 분실 신고한 백팩을 잘 보관하고 있으니 서울역 분실물 센터로 오면 본인 신분증을 제시하고 찾을 수 있다 했다. 우리는 쾌재를 불렀다. 한국이 아니면 열차 내에서 분실한 가방을 어찌 찾을 수 있겠나 자랑하며. 처형은 미국에 돌아가면 여기저기 자랑거리가 생겼다 했다. 미국에서는 절대 있을 수 없는 일이라며.

오래전의 일이다. 늦은 밤에 지하철분실물센터로 부터 전화 연락이 왔었다. 내 이름을 확인하며 용건을 말해 주었다. 지하철에서 승객이 놓고 내린 가방을 수거하였는데, 가방에 소유자 이름만 있고 연락처가 없다 했다. 가방 안에 든 수첩을 보니 내 이름과 소속 대학교와 전화번호가 있어 연락한다고 하였다. 가방 주인은 내 연구실 제자였다. 제자는 당시 술에 취해 가방을 지하철 승차 칸에 놓고 내렸다 했다.

최근에는 수백만 원이 든 지갑을 습득한 한 시민이 주인을 찾아 돌려드렸다는 미담을 들은 적이 있는데, 한국은 참 괜찮은 나라야 라며 흐뭇해하지 않을 수 없다. 아마 전 세계에서 이런 미담을 들을 수 있는 나라는 극히 적을 것이다. 열차나 지하철에 가방이나 지갑을 놓고 내린 후에 그 가방이나 지갑과 내용물을 그대로 다시 찾을 수 있는 나라가 세계에서 몇이나 될까. 유럽이나 미국 등지에서는 어림없는 일이다. 틈만 있으면 가방을 훔치는 좀도둑이 많은 나라에서 기대하기는 매우 어려운 광경이다.

나는 한국처럼 안전한 나라가 드물다고 느낀다. 지난 40여 년간 수많은 나라와 도시를 방문하면서 느낀 결론이다. 어두운 시간 심지어 자정이 넘긴 시간에도 서울처럼 도시에서 안전하게 걸어 다닐 수 있는 나라는 매우 드물다. 그동안 우리나라는 마약 청정국이라고 알려져 왔고, 또한 시내에서 소매치기 등 좀도둑이 드물었다. 한국을 방문하는 외국인들의 공통적인 의견이다. 원조를 받던 나라에서 이제는 원조를 해주는 세계에서 유일한 나라가 한국이다. 이젠 경제 10위권에 진입한 선진국으로서 국민의 교육열과 교양 수준이 매우 높아졌다. 적어도 분실물을 습득하면 신고하여 주인을 찾아주는 정직한 소시민들이다.

 사람들은 오로지 정치만이 삼류라고 안타까워한다. 극단적인 분열과 반목을 넘어 정직한 국민에게 조금이라도 공감을 주는 정치를 기대해 본다.

• 월간 시See, 2023. 8.

방배동 카페 골목

방배동 카페 골목은 이수교 오거리에서 방배동 오르막길 방향으로 난 길이다.

1980년대 초부터 방배동 카페 골목에 해무(海霧)라는 맥주 카페가 있었다. 해무는 "바다 안개"라는 뜻이다. 이 카페가 대학 동창과 직장 동료들의 단골이 되어 이 골목에서는 '해무 주인이 S대학교 동창인 모양이다'라는 소문이 날 정도였다. 지금은 방배동 카페들이 대부분 음식점과 의류 가게로 바뀌어 있으나 당시는 대표적인 카페 거리였다.

지난 30여 년 동안 얼마나 변했는지 알고 싶어 방배동 카페 골목길을 오랜만에 찾았다. 해무가 있던 과거 골목길은 넓어져 2차선 차도가 되었고 주변으로 아파트 단지가 많이 들어섰다. 우선 여러 종류의 식당- 갈비집, 횟집, 삼겹살, 족발, 초밥, 양꼬치, 순대 등이 단연 많고, 그 이외 제과점, 커피집, 노래방, 호프집, 원룸텔-공부방-독서실, 동네 스터디 카페, 휴대폰 가게 등 젊은이들을 위한 동네로 바뀐 듯하다.

삼십 대 중반 교수 시절 주말에는 동료들과 테니스 복식 게임으로 치킨-맥주 내기를 했는데, 이긴 팀이 일차로 대학 부근 동네에서 치킨 대접을 받고, 이차는 이긴 팀이 해무에 와서 맥주로 보답하곤 했다. 이 카페에서 직각 방향으로 수십 미터 떨어진 박스Box도 해무 다음으로 자주 찾는 맥주 카페였다. 이제는 박스가 있던 골목길이 주민들과 자녀들의 편의를 위한 골목으로 변모해 있었다.

해무의 여주인은 30대 전후의 날씬한 체격으로 활달했다. 낮에는 방배동 근처 헬스센터에서 건강 무용 트레이너로 일한다고 했다. 상냥하고 화통한 성격이라 인기도 좋았다. 기본으로 항상 내놓는 안주가 마른 멸치여서, 처음 얼마 동안 이 카페에서는 멸치 안주만 주문하면 되는 줄 알 정도였다. 손님들이 다른 안주를 추가 주문하지 않아도 전혀 눈치를 주지 않았다. 해무는 십여 년간 성업 중이었다가 1990년대 초 어느 날 갑자기 문을 닫았다. 그 친절하던 여주인의 소식을 아는 사람은 아무도 없었다. 다른 지역에 카페를 차렸다면 단골에게 연락하여 알려줌이 상례인데 말이다. 아마도 여주인이 결혼하였거나 이민 간 모양이라고 짐작할 뿐이었다.

이 해무를 내게 소개해 준 초창기 단골손님으로 나와 함께 30여 년을 함께 재직한 선배 교수님이 있었다. 180cm 키의 체격이 좋은 호남인 이 선배 교수의 동기들 가운데는 사회활동을 잘하며 능력이 좋은 분들이 많았는데, 이분들께 나를 소개하고 동석하게 하며 나의 사회성을 격려해 주곤 했다. 이 선배 교수는 맥주가 말술이었고, 주문할 때도 동석한 사람 수에 맞추어 주문하곤 해서, 술이 약한 내 앞에는 생맥주잔이 항상 밀리곤 했다. 맥주를 워낙 좋아해서 종업원에게 팁을 주느니 그 돈으로 맥주를 더 마시는 것이 낫다는 분이었다. 담배도 하루 한 갑 이상의 애연가인 이 선배는 애석하게도 정년퇴임을 일 년여 남기고 폐암으로 작고하였다. 내가 속한 전공학회에서는 오랜 기간 동료로서 가깝게 지낸 나에게 추도문을 부탁해 왔었다. 선배 교수님의 일주기 추도식을 준비하던 제자들이 유가족들과 함께 내게 교수님과의 인연과 추모담을 부탁하였다. 나는 교수님과의 30여 년 동료 교수 시절 회고담을 말씀드리며 여담으로 젊은 시절 단골로 찾았던 해무 이야기를 해 좌중을 웃게 했다.

"선배 교수님은 맥주를 매우 좋아하신 말술이어서 서비스하는 종업원에게 팁을 주느니 맥주를 더 많이 먹는 것이 낫다 할 정도였습니다. 해무에서 이차나 삼차를 마치면 술이 약한 제가 항상 방배동 자택으로 모셔서 교수님이 저 모르게 다른 길로 샌 적이 없음을 제가 보증합니다. 사모님은 이 점에서 안심하셔도 됩니다."

선배 교수가 가신 지 어언 이십 년이 되어오니 세월이 빠르기도 하다. 아침 일찍 학과에 출근하면 회의실에서 커피를 드시고 담배를 피운 후 내 연구실에 자주 들르며 하던 말씀이 기억난다.
'전 박사, 연구실을 좀 깨끗이 정리해. 필요 없는 것들은 즉시 즉시 버려.'

독서광인 선생님 연구실은 누구보다 깨끗하고 도서 정리가 잘 돼 있어 부러워했다.

이수교 부근 피천득 산책로와 반포천 길은 산책하기에 좋은 길이다. 가끔 방배동 부근을 지날 때면 선배 교수님의 호탕한 웃음소리가 들리는 듯하다. 지금도 젊은 시절 자주 들르던 방배동 카페 골목의 해무와 박스가 기억난다.

갑자기 사라진 해무 여주인은 어디서 잘살고 있겠지.

• 메타문학 봄호, 2024.

술자리 인연

대학을 졸업하고 결혼 전까지 술을 가까이하지 않았고 관심도 없었다. 술이라면 오히려 진저리를 칠 정도로 싫어했다. 현명하고 재능이 많았던 아버님이 술로 인해 오랜 지병을 얻고 실패한 인생을 살았다고 생각했기 때문이었다.

대학생이 되고부터 아버지와 언쟁이 잦았다. 가족의 생계와 건강을 위해 술을 자제하시라고 하자 '나는 술 안 먹는 놈과는 말도 안 한다'라며 내게 폭언을 퍼부었다. 이때부터 나는 집안 생계와 나의 대학-대학원 학비를 마련하기 위해 가정교사는 물론 입주 과외까지도 했다. 어느 날 아버지는 만취하여 집 근처인 정릉 골짜기에서 넘어져 실신했고 모르는 사람의 등에 업혀 집으로 오셨다. 이 사고 후유증으로 아버지는 말하는 뇌신경 손상을 입어 십일 년간 벙어리 상태로 고생하다 70대 후반에 돌아가셨다. 이 기간은 연로한 어머니와 오 형제의 장남인 나와 아내에게 커다란 불행이었고 짐이었다. 어린 우리 형제를 위해 과자 봉지와 선물을 사 들고 귀가하는 아버지 모습을 본 적이 없다. 내가 초등학교 고학년 시절 할아버지께서 정릉동에 조그만 영단주택을 사주셨는데 집문서를 어머니 이름으로 등기하게 하셨다. 아마 아버지 이름으로 등기했다면 우리 가족은 집도 없이 평생 전전했을 것이다.

나는 결혼 직후 대학원 박사과정 초년생 시절 학과의 조교를 맡았고, 그때 미국에서 박사학위를 마친 S 선배가 학과의 신임 조교수로 오셨다. S 선배는 나를 매우 아껴 주었는데 퇴근 후 회식 자리에 자주 나를 데리고 가곤 했다. 내가 술도 안 하는 얌전한 범생이라며 나의 사회성을 키워 주려 했다.

내가 삼십 대 초반 신참 조교수가 되고 나서는 S 교수의 소개로 사회 활동이 활발한 선배들 모임에 나를 자주 동석하게 했다. 이때만 해도 여전히 술 실력은 약해서 단순히 자리를 지키는 정도였다. 젊은 동료 교수들과의 친교와 취미 모임에서 저녁 회식이 늘어났고 술을 마시는 빈도도 늘어났다. 대부분 좋은 동료들이어서 만나면 즐겁고 모임 가치가 있다고 느꼈다. 심지어는 그날 모임 성격이나 기분에 따라 노털카(맥주컵에 따른 양주 한 잔을 입안에 한 번에 털어 넣으며 카 소리도 내지 않고 술 마시기)도 겪게 되고, 이 잔이 계속 돌아오는 무모한 술자리에도 끼게 되었다.

중년의 나이에 들자 교수로서 맡게 되는 여러 공적이고 사적인 책임 직책이 늘어나면서 술자리 회식 자리가 많아졌다. 기업체나 공공기관의 사외이사 직책을 맡고 있을 때 사장이나 임원진과, 국내 학회 이사나 회장으로 활동할 때 회의나 지방 방문 시에, 또는 선후배 동창 모임의 직책을 맡음에 따라 술자리도 늘어났고 주량도 늘었다.

노년의 교수가 되었을 때는 의식적으로 술자리에 동석하지 않았다. 원로 교수이므로 다른 사람의 눈치 볼 필요 없이 내가 싫으면 참석하지 않아도 되었다. 술자리도 당연히 줄어들어서 한 달에 고작 일이 회 정도여서 술자리와는 자연히 멀어졌다. 집에서 저녁이나 휴일에 반주로 술을 먹는 습관도 없었다. 그렇게 되자 내 주위에서는 나를 술을 안 먹는 사람으로 간주했다.

나는 술을 마시고 나서 거의 실수를 안 하는 완벽한 타입에 속한다고 자의 반 타의 반 인정받고 있다. 가장 큰 실수는 삼십 대 중반 조교수 시절 후배와 함께 둘이서 방배동 카페 골목 주점에서 소주를 대작한 후였다. 덩치 큰 후배와 둘이서 소주잔을 빠르게 교환하고서는 만취해 택시로 귀가했다. 집에 도착하자 현관에서 아내는 '당신 안경은?' 했다. 나는 눈이 나빠서 안경을 반드시 착용해야 한다. 그날 새로이 맞춘 안경을 택시에서 졸다가 놓고 내린 거였다. 눈을 잃어버리고도 모른 채 술에 취해 귀가했으니 두고두고 망신살이 컸다.

돌이켜 보면 술자리는 내게 좋은 선배나 동료를 만나는 즐거운 자리였다. 그러나 술주정과 낭패감, 허세와 만용이나 폭력 등 불쾌한 기억들도 꽤 있다. 나는 전공이 공학인지라 술을 통한 예술성의 발전이나 학문의 진취성과는 거리가 멀었다. 나는 술자리에서 농담을 즐기며 품위를 지키는 사람을 좋아하고 본받고 싶어 했다. 술도 세서 마지막까지 자리를 지키며 동석한 지인들을 배려하는 주선 스타일을 좋아한다. 나는 이런 스타일은 못 되지만 멋진 주선들이 펼치는 품격 있는 술자리를 기대해 본다.

• 한국수필, 2024. 1.

신림동과의 인연

신림동(新林洞)과의 인연은 사십 년이 훨씬 넘는다. 모교 캠퍼스가 신림동 관악산 북측 기슭에 1975년 새로이 조성되었고, 내가 재직한 공과대학은 캠퍼스 종합화로 1979년 말 이전했다. 내 인생의 절반 이상을 신림동과 함께 살아가고 있다.

캠퍼스 부근으로 이사 오기 전에는 미아리에 살았다. 출근하려면 대학의 직원용 출퇴근 버스가 편리한 교통수단이었다. 이 버스를 놓치면 정문까지 가는 일반 시내버스를 이용해야 했는데, 걸리는 시간이 문제였고 교통이 몹시 불편했다. 지금은 대학 구내를 순환하는 마을버스가 있고, 거의 십 분마다 대학 내 순환도로를 도는 셔틀버스가 있다. 1980년대에는 대학 정문 앞으로 주택이나 여러 편의 시설이 들어와 있지 않아서 저녁 회식을 하려면 신림동 사거리 부근 시장까지 나가야 했다. 지금은 정문 거의 앞에까지 아파트와 공공시설이 들어와 있다. 초기에는 대학 정문 앞이 일반 시내버스 종점이었다.

캠퍼스 내의 순환도로는 십 리 정도의 경사진 이 차선 도로여서 도로 중앙선의 노란 줄을 따라 산책하기 좋았다. 젊은 시절일 때 달리기 도로 완주는 이십 분대였다. 이때는 캠퍼스 내로 진입하는 시내버스도 없었고 도로에 주차 차량이 드물었다. 지금은 도로 양편의 끝없이 주차된 차량과 수시로 드나드는 버스와 방문 차량으로 도로 중앙에서 달리기나 산책은 위험해서 엄두도 못 낸다.

1980년대 중반 학과장 시절에 아픈 기억이 있다. 내가 속한 전공학과에 진학한 신입생이 정문 앞 로터리에서 교통사고로 사망했다. 나는 학과를 대표해서 구로동의 한 병원 영안실을 찾았는데, 내 손을 잡고 슬피 우시던 학생 어머님 모습이 아직도 잊히지 않는다. 그 아들이 국내 최고 대학에 입학했으니 얼마나 기뻤을까. 몇 개월도 안 되어 청천벽력 같은 아들의 사고 소식을 당했으니 그 슬픔은 이루 말할 수 없었을 것이다. 정문 앞의 엉성했던 로터리 구조가 신호등과 함께 정상화되어 있는 지금도 정문 앞을 지날 때마다 그 사고가 떠오른다.

신림동은 서울 관악구 서남쪽에 있다. 관악산 기슭에 수풀이 우거졌다 해서 지명이 유래하였다. 조선시대에는 동네 이름이 경기도 시흥현 동면 신림리였다. 1963년 서울특별시 영등포구에 편입되면서 신림동으로, 1973년에는 관악구가 신설되며 이에 속하게 되었다. 신림동이라고 부르나 단순하게 단일 법정동으로 취급하기에는 너무 넓은 곳이다. 신림동은 관악구 전체 면적과 인구의 절반을 넘는다. 신림동 면적(18.14 km²)이 이웃 금천구보다 더 넓다. 인구(252 천여 명)도 전국의 법정동 중 일위이며, 금천구보다 더 많다. 행정동이 11개로 분할되어 있고, 이 동네만 위주로 국회의원 선거구가 있다. 전형적인 산골 마을이었던 신림동은 1975년 서울대학교 이전 이후 '고시촌'으로 발전했고 최근에는 '벤처타운'으로 변화해 가고 있다. 관악산 공원과 순대타운은 명물이며 젊은이들을 품고 있는 동네이다.

지하철 2호선 신림역은 출퇴근에 복잡하고 지옥철에 버금갈 정도로 유동 인구가 많은 곳이다. 최근에는 경전철 신림선이 준공되어 대학 정문 앞까지 들어와 있다. 종점인 관악역에서 정문까지 걸음으로 오 분 이내 거리이다. 원래는 오 년 전에 준공될 예정이었는데, 서울 시장이 바뀌면서 신림선 준공 예산을 시민단체 지원 예산으로 돌려 준공이 늦어졌다는 신문 기사를 본 적이 있다. 관악천 옆의 도로가 유일한 신림동 지역 진입로이고 시흥 안양으로 넘어가는 좁은 도로여서 항상 교통 체증이 심각했다. 주민 수도 많고 도로는 좁은 곳인데 경전철 완공을 오 년이나 늦추었으니 어처구니없다. 신림 지하철역에서의 혼잡을 보며 정부 당국자들이나 정치인들은 서민의 이런 교통 환경을 알고 있을까 하는 생각이 든다.

나는 고참 교수가 될 때까지 신림동 관악산 등성이의 봄 빛깔이 그렇게 다양한 녹색 스펙트럼인지 깨닫지 못했다. 그동안 일상이 바빠서 주변을 돌아볼 줄을 몰랐다. 관악산 숲의 계절적 색깔 변화를 여유롭게 즐기기 시작한 지는 그리 오래지 않다.

다가올 봄맞이 녹색 빛깔을 생각하니 벌써 마음이 설렌다.

• 한국수필, 2023. 4.

영원한 총통

나는 H 교수님을 서울대학교 공과대학 자원공학과에서 기초과목을 배우기 시작하던 2학년 때 처음 뵈었다. 이때 선생님 연세가 56세였다. 대학에서 이 나이이면 원로 교수이다. 선생님은 이 학과의 초창기부터 발전시킨 일명 총통 교수님이다. 선생님은 1977년 정년 퇴임할 때까지 30여 년을 봉직하였으며, 자원공학 분야에 많은 제자를 배출하였다.

교수님은 일제강점기에 경성공립제1고등보통학교(현재 경기고등학교)를 졸업하고, 연희전문학교 수물과(數物科)를 졸업했다(1936). 일본 교토(京都)제국대학 공학부 채광학과를 졸업(1939)하였으며 같은 대학에서 공학박사 학위(1972)를 취득하였다. 졸업과 동시에 당시의 총독부 식산국(殖産局) 광산과 조사계에서 기수로 근무하여 고국 광업의 선구자가 되었다. 해방 직후의 혼란한 시대에 미군정청 광무국 기사로, 산광(産鑛)과장으로 재직하면서 한국광업의 생산 책임을 담당하며 그 실력을 유감없이 발휘하였다. 교수님의 회고록 『흘러간 세월을 망각하기 전에』(1996)

에서 '해방된 조국에서 광업 행정을 반석 위에 올려놓고 앞날의 경제 부국에 기여하겠다는 대망의 이상을 간직하고 있었다'고 술회하고 있다.

교수님은 1962년 대한광산학회(현재 한국자원공학회) 창립부터 부회장으로 11년, 다음에 회장으로 8년간 봉사하였다. 회장직을 오랜 기간 재임한다 하여 총통이라는 별명이 붙었다. 선생님은 교수 재직 중 국내의 광산 개발과 관련하여 행정부나 정부 투자기관의 여러 위원으로 봉사하였다. 특히 금속이나 비금속 또는 석탄 광업회사를 설득하여 학회기금을 적립하는 큰 공헌을 하였다. 교수님은 개인적으로 학회에 장학기금으로 오천만 원(당시 아파트 한 채 값에 해당하는 거액임)을 기부하여 전국 자원공학과가 있는 대학의 학부생에게 장학금을 1993년부터 수혜하고 있다. 나는 상기한 선생님의 모든 활동이 본받기 어려운 총통 스타일이라고 생각하고 있다.

선생님은 교수의 본분에 대하여 '학생들에게 심오한 학문의 진리를 탐구하게 하는 일도 중요하지만, 단순히 고등 지식의 산매 행위가 아니라 고매한 인격의 형성, 인격적인 교양을 터득하여 한 분야에서의 지도자로서의 자질을 배양하고 진실한 인간을 만들어야 한다'(회고록, 1996)는 소신을 가지고 있었다. 교수님은 학생들의 명예를 존중하여 무감독 시험을 실시하였고, 타율보다는 자율이 더욱 효과적이라고 믿으셨다. 나는 학사과정 4학년 때 교수님 강의를 수강하며 실제 무감독 시험을 경험한 적이 있다. 선생님은 졸업생 가운데 사나이다운 사나이가 많이 배출되었음에 자부심을 가지고 계셨다.

교수님과 연관된 몇 가지 에피소드가 있다.

대학원 박사과정 시절이었다. 학사과정 2학년 전공필수과목인 암석학(Petrology, 3학점)을 담당하던 시간강사가 학기 초 작고하자 교수님은 나에게 강의를 맡겼다. 당시 박사과정 일 년 차로서 학과의 오 년 후배들을 대상으로 한 전공 분야의 처음 강의였다. 모교에서 20대 중반에 전공필수과목을 강의하는 기회는 거의 없었을 것이다. 암석학 교재원서는 밑줄 그어 정독하며 달달 외우다시피 한 책이어서 내게는 매우 중요한 보관원서 중 한 권이다. 나는 그 덕택에 암석학의 기초가 잡혔다고 생각한다.

교수님이 회갑을 맞으며(1972) 기념 논문집을 준비할 때 나는 그 논문집의 편집과 교정을 맡아 발간하였다.

나는 공학박사 학위를 취득하던 해(1979)의 후반기에 모교의 교수요원 신규 채용에서 낙방했다. 해외 유명대학에서의 박사후 연구 경험이 없음이 이유였다. 박사학위 취득 전후의 2년간 시간강사 생활은 대단히 경제적으로 어려웠다. 나는 이미 아이 둘의 가장이었다. 이 시기에 국내에는 해외 유명대학에서의 박사후 연구 생활을 지원하는 기관이나 재단이 없었다. 일본 도쿄대학에서 경제적으로 매우 힘든 상황에서 실의에 빠져 박사후 연구 생활을 하고 있을 때, 교수님께서 연구실로 보내주신 우편엽서를 잊을 수 없다. 엽서 뒷면에는 한자로 '대기만성'(大器晚成)이라는 네 글자만 자필로 씌어 있었다. 그 당시 교수님의 크신 위로와 용기 주심에 울컥한 기억을 지금도 잊지 않고 있다. 그후 나는 공학박사 학위를 취득한 지 2년 만에 모교의 조교수로 신규 채용되었다.

 나는 지금도 교수님이 매년 6월 생신을 맞으면 자택에서 제자들이 생일 축하하던 모습을 기억하고 있다. 교수님을 잘 모시던 제자들과 또한 총통으로서의 위엄과 제자 사랑을 보여주시던 선생님을 잊지 못하고 있다. 교수님은 1989년 생신에 사모님과 회혼례(결혼 60주년) 축하연을 가졌다. 교수님은 슬하에 4남 2녀를 두었으며, 손주 포함 모두 46명의 대가족을 이루었고 가족 중 선생님을 포함하여 모두 네 명의 공학박사를 배출하였다. 교수님은 90세까지 장수하였다.

 '자원공학과의 영원한 총통'이라는 전설은 잊히지 않을 것이다. 교수님이 보여주신 교수로서의 신념과 처신과 봉사는 내가 닮고 싶은 모델이었다.

• 한국산문, 2023. 5.

인연의 고리

그는 운전 중 나와의 인연을 말해 주어 깜짝 놀랐다. 나는 상대를 전혀 알아보지 못했다. 태국 방콕에서 학회를 마치고 지방대학의 대학원생 두 명을 함께 무사히 귀국하도록 도와준 적이 있었는데, H 박사는 자기가 그 두 학생 중의 한 명이라는 거였다. 나는 이미 그때의 학생 얼굴과 이름을 잊었지만, 그 위험했던 귀국 경험은 너무 극적이어서 지금도 기억에 뚜렷한 사건이었다. H 박사는 '이렇게 교수님을 모시게 되어 매우 기쁘다'면서 인연의 소회를 밝혀왔다. 목적지에 당도해 '과거의 인연을 들려주고 편하게 데려다주어 고맙다' 하였더니, '앞으로 이런 기회가 한 번 더 있으면 좋겠다'고 하여 더욱 보람을 느꼈다.

2020년 6월 하순 경주 보문단지에서 전공 분야의 정기총회를 마치고 회의장에서 신경주역으로 출발할 때였다. 신경주역까지는 버스 편으로 거의 한 시간 거리였다. 지방대학에 근무하는 제자가 승용차 편을 마련해 주어 목적지로 편히 가게 되었다. 운전을 맡은 청년은 내 제자의 연구실에서 그해에 박사학위를 취득한

H라고 자신을 소개했다.

지금까지 수많은 해외 출장과 여행을 하였지만 참으로 아찔한 위험에 처하고 황당한 경험은 2008년 그 사건이 처음이었다.

2008년 11월 25일 태국 현지 시각 21:00부터 반정부시위 군중이 태국 방콕의 수완나품 국제공항 외곽을 비롯해 터미널, 관제탑까지 점거하여 항공기 이착륙이 전면 중단되었다. 공항이 잠정 폐쇄되며 입출국이 정지되고 육천여 명의 여행객이 공항에 감금 상태였다.

정치적 해결 수단으로, 대부분 외국인인 여행객을 볼모로 국제공항을 점거한 데모 군중을 나는 이해할 수 없었다. 대부분이 불교 신자로서 항상 두 손을 합장하며 인사하고 평소에도 웃는 얼굴의 친절한 국민이어서 더 의외였다. 내가 알기로는 세계 어느 나라에서도 데모 군중이 국제공항을 점거하여 폐쇄한 예는 없는 것 같았다. 외국인 여행객을 볼모로 공항을 점거하여 정치적 요구를 관철하려는 무지막지함을 볼 때 그들은 목적을 위해서는 수단 방법을 가리지 않는 특수 과격단체들 같았다.

그날은 방콕에서 아시아-태평양지역 환경지구화학 국제심포지엄을 마치고 귀국하기 하루 전날이었다. 나는 학기 중의 공무 출장이어서 즉시 귀국해야 했음은 물론 이 학술회의에 함께 참석한 대학원생 다섯 명도 속히 동반 귀국해야 했다. 대학원생 중 세 명은 내 연구실 학생이었고, 나머지 두 명은 지방대학의 내 제자 교수 연구실 학생이었다. 우리 팀은 왕복 항공료를 절약한다고 타이 항공권을 지니고 있었다. 방콕 시내 타이 항공 사무실을 수차 방문하여 귀국편을 문의하면, 아무 조치도 없이 오로지 기다리라고만 하였다.

우리 국적기인 대한항공과 아시아나는 특별기를 파견하는 빠른 조치를 취했다. 그러나 탑승은 이 항공의 귀국 항공권을 소유한 승객이 우선이라 했고 남는 자리가 있으면 우리가 항공권을 살 수 있다 했다. 수일간 귀국 비행 편 마련으로 애쓰다가 다행히 아시아나 항공권을 살 수 있어 방콕 남쪽으로 190km 떨어진 파타야(Pattaya) 우타파오 군용비행장을 이용하여 탈출할 수 있었다. 그 좁은 공항은 많은 여행객들의 혼잡으로 마치 영화의 전쟁터에서나 볼 수 있던 광경이었다. 그 요란했던 공항에서 안전히 탈출했던 상황이 지금도 믿기지 않는다. 무사히 국적기를 타고 이륙하자 안도의 숨을 쉬던 기억이 새롭다. 동행한 학생들의 안전 귀국 때문에 수일간 노심초사하며 귀국 비행기의 좌석 확보에 불안해하던 일을 떠올리면 지금도 가슴이 두근거릴 지경이다. 항공권이 비싸더라도 가능한 한 국적기를 타야 외국에서 사고를 당하거나 유사시에 자국기의 발 빠른 대응과 특별기 혜택을 받을 수 있다는 것도 새삼 깨닫게 되었다.

나는 귀국하자마자 대학에 학기 중 공무 출장 기간이 수일 늦어진 사유서를 작성하여 제출했다. 모교 32년 재직기간 중 유일하게 출장 귀국 지연 사유서를 제출한 경우였다.

평소 "주위를 배려하고 도와주면 언젠가는 본인이나 자식에게 그 행운이 되돌아온다"는 덕담을 즐겨 말했는데 그 일이 12년 만에 일어난 셈이었다. 살다 보면 인연은 끊어지기도 하고 삶의 한 모퉁이에서 다시 이어지기도 한다. 우리에게 뜻밖의 행운이나 기쁨이 오는 것은 아마도 이런 인연의 고리가 이어져 나타난 게 아닌가 싶다.

• 한국산문, 2024. 2.

잘하고 있지

수년 전 어느 날 M 교수가 침대에서 잘못 떨어져 걷기가 불편하다는 소식을 들었다. 한 달에 한 번씩 모이는 점심 모임에서, 해가 지남에 따라 걷는 모습이 불편해 보였다. 말씀이 어눌해지고 자주 졸며 눈에 띄게 행동이 느려지고 있었다.

그후 수년이 지나자 요양 시설에 계신다는 소식을 들었으나 가족이 함구하고 있어 자세히는 알 수 없었다. 마침내 작고 소식을 접하고 나는 대학 병원 영결식장에서 삼 일간을 그와 함께 지냈다. 영결식장에서의 장례 모습을 사진에 담으며 그를 추모했다. 인생은 이렇게 허무한 건가, 이렇게 헤어지나 하며 슬픔을 가누기 힘들었다. 사진 속의 영정은 여전히 미소 띤 평소의 그였다.

나에게 특별했던 선배 M 교수. 그는 내 모교 학과의 선배였다. M 교수는 미국 대학에서 박사학위를 취득 후 돌아와 국내 유명 사립대학에서 재직했다. 그는 인간관계도 넓고 성품이 다정다감하며 능력이 출중한 교수여서 대학에서 부총장까지 역임하였다. 그 대학 동문이 아님에도 그 직위에 임명되었으니 쉽지 않은 경우이다.

　그가 조교수로 자리 잡을 때 나는 모교 박사과정 학생으로 학과 조교였다. 모교에서 공학박사 학위를 취득 후 신규 교수요원 채용에 낙방하고, 일본 도쿄대학으로 박사후 연구 유학을 떠날 때도 위로와 격려를 잊지 않았다. 벌써 사십 년도 넘은 일이다. 그 선배가 팔순 직전 작고하였다.

　내가 모교의 신규 조교수로 채용되어 돌아오자, 가장 먼저 축하한다고 초대해 주었다. 그후 그와 함께 거의 삼십여 년을 공적으로 또한 사적으로 밀접하게 접촉하며 지내온 전공 분야의 동료였다. 전공학회 회장과 임원, 연구기관에서의 연구과제 평가 등 전공 분야의 활동을 함께 했다.

　이십여 년 전 전공학회(대한자원환경지질학회) 회장직을 시작할 때 명예회장이었던 그는 학회 일 년 예산을 처음으로 일억 원 이상으로 증액해 보라고 독려하였다. 그해 여름 해외 학술답사 여행으로 중국의 실크로드 지질답사 — 신장성 우루무치부터 시안(장안)까지 코스 — 를 회원 삼십여 명과 함께 수행하였다. 국내 학회에서의 첫 실크로드 답사였다. 실크로드 전체구간인 터키 이스탄불-중국 시안 코스의 거의 절반 거리인 중국 구간이었다. 그해 연말 학회 결산총회에서 해외학술답사 수행으로 예산이 일억 원을 무난히 초과하자 그 업적을 크게 격려하고 자랑해 준 분이었다.

　전공 분야 학회에서 또한 학술 관련 연구지원기관에서 그가 선임자로서 나를 계속 추천해줌으로써 내 능력과 인간관계를 키워 나갔음을 기억한다. 그는 학회와 연구행정 분야에서 선후배들과 제자들을 위해 많은 배려와 도움을 주었음에도 내색하는 적이 없었다. 술자리에서의 주선과 같은 모습과 선후배를 잘 모시고 배려하는 그의 자세는 나의 모델이었다.

요즘은 일반인들도 보통 구순 넘게 장수하는데 그가 십 년이나 일찍 가셨음이 안타깝다. 생전에 청년처럼 활발하고 경쾌했던 선배였다. 그렇게 다정하게 우리 후배를 배려해 주던 선배이자 동료여서 슬픔이 더욱 깊었다. 내가 느끼기에는 주위의 친절하고 본받을만한 좋은 분들이 일찍 가는 듯하다. 학계 원로로서 후배들에게 더 많은 용기와 격려의 말씀을 베풀 수 있었을 터인데 말이다.

작년 11월 중순 선배님 가신 지 일 주기를 맞으며 제자들이 묘소에 다녀온 소식과 사진을 보내왔다. 세월이 빠른지라 어느덧 일 년 반이 되어온다. 나는 아마도 앞으로 선배같이 좋은 분은 만나지 못하리라고 생각하고 있다. 지금도 '전 박사, 잘하고 있지' 하는 그의 다정한 목소리를 듣는 듯 선배님이 그리워진다.

• 서초앤솔로지 제14호, 2024.

산책, 소풍

콧노래 나오는 산책길

서울 서초구 반포천 제방을 따라 피천득산책로가 있다.
고속터미널역(지하철 3, 7, 9호선) 5번 출구로 나서면 산책로 입구와 만난다. 대각선 방향 도로 건너편에 가톨릭대학교 서울성모병원이 보인다.
반포천은 서초구의 우면산에서 발원한 하천으로 한강으로 흘러가며 하천 연장은 4.8 km이다. 이 하천은 대부분이 복개되어 있으나 피천득산책로와 허밍웨이(humming way)에서 하천 산책길과 함께 한강 유역까지 연결되어 있다. 이 산책로는 반포천과 하천 산책길과 나란히 이어진다. 피천득 산책로 입구에서 맨발길(황토길)이 아파트 단지 안에 산책로와 나란히 조성되어 있다.
피천득(1910-2007) 교수는 서울대학교 사범대학 영어교육학과에 삼십여 년 재직한 영문학자로서 시인이자 수필가이다. 이 제방길 이름이 '피천득산책로'로 명명된 데는 1980년부터 27년간 반포아파트에 거주했던 피 교수가 반포천 제방길을 즐겨 산책했다는 인연을 기념하기 위해서이다. 산책로는 2018년 7월 중순 개방되었다.

산책로 입구 안내판에는 '오랫동안 서초에서 작품 활동을 한 피천득 님의 아름답고 순수한 작품을 테마로 하여 주민들을 위해 조성한 문학 산책로'라고 소개한다. 산책로는 반포천의 서쪽 흐름 방향을 따라 제방길에 조성되어 있는데, 피천득 좌상과 대형 책 조형물(높이 2.2m) 포토존을 지나 반포교까지 약 1.7km 구간이다. 산책로 북쪽 편이 반포아파트 대단지이다. 아파트 단지 내에 반포종합운동장을 내려다보며 조성되어 있다. 강남의 요지라는 이곳에 육상경기장과 스포츠센터를 갖춘 상당히 큰 규모의 운동장 시설이 있음도 특이하다.

피천득 좌상에서부터 반포교까지 산책로(0.5km)를 따라서 시인의 시와 수필 문장 일부가 전시되어 있어 '시인의 길'이라고 불린다.

> '문학의 본질은 언제나 정(情)이다. 그 속에는 예전에도 있었고 앞으로도 있을 자연적인 슬픔, 상실, 고통을 달래주는 연민의 정이 흐르고 있다.' ─〈순례〉중에서.

> '오월은 금방 찬물로 세수를 한 스물한 살 청신한 얼굴이다.… 내 나이를 세어 무엇하리. 나는 지금 오월 속에 있다.' ─〈오월〉중에서.

피 교수는 한국 현대수필의 새로운 지평을 열어놓았다고 평가

될 정도로 수필가로서 명성을 얻었다. 그는 시인으로 또한 영문학자의 자부심도 컸다고 알려져 있다. 우리 세대는 '수필은 청자연적이요, 난이요, 학이요, 청초하고 몸맵시 날렵한 여인이다.'로 시작하는 작품 〈수필〉과, 일본인 여성 아사코와의 오랜 인연을 진솔하게 묘사한 작품 〈인연〉을 고교 시절 국어 교과서에서 배웠기에 더욱 익숙한 작가이다.

'그의 수필은 간결한 문체로 명징한 사색을 펼쳐 놓음으로써 하나의 경지를 이루고 있다. 순수하고 고결한 정신세계를 영롱한 언어로 적어놓은 그의 수필은 운문을 읽는 것처럼 경쾌하며 독특한 글쓰기의 전범을 보인다.'

동작역(지하철 4호선) 1번 출구에서 허밍웨이(humming way) 입구와 만난다. 소설가 헤밍웨이가 연상되나 아니다. 반포천 산책로의 새로운 이름이다. 허밍웨이는 입구에서 반포교까지 약 0.5km 구간이다. 따라서 피천득산책로 입구에서 허밍웨이 입구까지는 총 2.2km 거리이다. 허밍웨이 한쪽(단지 쪽)은 소나무로 반대쪽(하천 쪽)은 벚꽃나무 등으로 배열되어 있음도 특이하다.

'허밍웨이'는 뜻 그대로 '콧노래가 나오는 쾌적한 길'이다. '동작 지하철역으로 향하는 아침 출근길과, 집으로 향하는 저녁 퇴근길에서 늘 즐거운 콧노래가 나온다는 길, 가벼운 운동할 때도 기분 좋은 콧노래가 나오는 길, 매일매일 허밍웨이에게 당신의 콧노래를 들려주세요' 라고 이 길을 소개한다. 자연과 닮은 길이며, 서초구에서 가장 아름다운 길로 알려져 있다.

아파트 단지 재개발로 인해 피천득 좌상에서부터 시인의 길을 지나 허밍웨이 입구까지 산책로 북쪽 경계를 따라 흰 벽이 높이 세워져 있으나 산책에 지장은 없다. 산책로를 따라 가로수 숲이 조성되어 있어 계절에 따라 봄꽃으로, 우거진 녹음으로, 단풍으로 풍경 변화를 즐길 수 있다.

피천득 산책로는 반포천과 평행하게 하천길로 한강 유역까지 연결되며 동작대교에 닿는다. 대교 남단 바로 아래에서 승강기로 전망대 노들 카페에 도달한다.

전망대에서 보이는 한강 주변과 여의도의 풍광은 매우 멋지며 '서울에 이런 곳도 있네' 하는 기분을 느낀다. 전망대 카페에서 돌아오는 길은 동작역 1번 출구 앞을 지나 허밍웨이로 들어선다.

서울에는 문화 시설도 많고 문화인을 기리는 기념관이나 거리도 많다. 하지만 수필가이며 시인인 피천득 선생을 이웃 주민 만나듯 언제든지 만날 수 있다는 기대감에서, 또한 우리 집에서 걸어가도 될 거리라는 편리함으로 나는 종종 이 길을 산책 코스 우선순위로 정하고는 한다.

• 계간현대수필 봄호, 2024.

충주 활옥 동굴로의 소풍

지난 11월 하순 충주 부근의 활옥 동굴을 오랜만에 방문했다. 코로나 여파로 고등학교 동기동창회 행사를 이 년 동안 개최하지 못했는데 정기총회를 겸한 야외 소풍이었다. 오랜만에 만난 사십여 명의 친우들은 모두 건강한 모습으로 싱글벙글하며 반가워했다.

이 동굴은 원래 동양활석광산이었다. 일제 강점기인 1920년대에 소규모로 개발이 시작되었고, 해방 이후 일신산업(주)이 개발하면서 한때는 종업원이 팔천여 명에 이를 정도로 동양 최대의 활석 광산으로 유명했다. 중국의 대외 무역이 자유화되면서 값이 싼 활석이 수입되고, 광산의 채산성 악화로 이 광산은 폐광되었다.

이 광산에서는 주로 활석과 돌로마이트(dolomite)를 생산했다. 활석은 화학 성분이 마그네슘 규산 수화물이다. 어린 시절 땅에 줄긋기하던 백색 광물(곱돌)이다. 주로 제지, 화장품, 베이비 파우더의 주원료이다. 돌로마이트는 마그네슘 칼슘 탄산염이며 광물과 암석 이름이 같다. 정원에 깔린 하얀 자갈이 이 암석이며 석재로도 이용되고 있다. 세계적인 유명관광지 이탈리아 북부 돌로미티가 이 암석으로 이루어져 있다.

나는 이 동굴 개발과 인연이 깊다. 이십여 년 전 현재 이 활옥 동굴 개발의 주역이자 고교 동기인 L로부터 연락을 받았다. 그는 그때 화학 분야의 사업을 경영하고 있었다. L은 이 활석 광산에 대한 내 연구보고서를 읽어 보았다며 기술적인 상담을 요청했다. 그는 이 광업회사에 자금을 빌려주었는데, 광산 가행이 어려워지자 돌로마이트 암석으로 갚으려 하는데 그것을 받아도 되느냐며 기술적인 자문을 얻고자 했다. 나는 그에게 "최영 장군은 황금 보기를 돌(암석)같이 하라 했으나, 요즘은 암석이 황금이니 받으라"고 했고 이 광산의 앞으로의 이용과 전망에 대해 설명했다. 그와 함께 광산 현장을 답사하고, 부근의 충주호 주변 음식점에서 민물매운탕 점심을 즐긴 기억이 있다. 그는 그후에 이 광산의 돌로마이트 석재 개발에 참여하며 광산과의 인연을 유지했고, 마침내는 활석의 역사와 문화가 깃들어 있는 활석 동굴을 광산 역사의 현장으로 보존하며 활옥 동굴(Jade Cave) 복합관광지로 개발하였다.

이 광산 갱도는 2001년부터 활석과 돌로마이트를 동시 채굴하는 공법으로 관광사업에 맞게 규모가 크게 개발되었다. 2019년 이 광산은 약 백여 년에 걸친 광산 개발의 역사를 내리며 채광을 종료하였다. 그후 건강한 휴식과 힐링 체험의 동굴로 재탄생되었으며 충주 지역의 대표적 관광지로 탈바꿈했다.

이 동굴은 수평 터널로서 대형 트럭이 통과할 정도로 높고 넓으며, 관광이 가능한 답사 길이는 약 2.5 km이다. 동굴 온도가 평균 섭씨 15도를 유지하고 있어 신선하다. 동굴 벽면이 하얀색의 돌로마이트여서 밝고 은은하다. 동굴에는 광산 개발 당시 사용하던 채굴 장비, 광차, 권양기, 채굴 현장이 보존되어 있어 광산 개발 현장의 체험장이 되어 있다. 동굴 안에 고추냉이 재배, 포도주와 식초 발효장과 저장고가 있다. 철갑상어와 황금 송어가 사는 연못 보트장에서 투명 카약을 승선할 수 있으며 소형 공연장, 영상상영관, 원적외선 체험 시설이 있다.

L 대표는 동굴 입구 부근에 있는 지상 카페에서 동기들에게 수제 돈가스와 와인을 점심으로 대접하며 동굴 개발에 관한 간단한 소개를 했다. 그는 이 광산의 관광단지 개발에 내가 기술적 조언과 도움을 주었다는 인사도 첨언하였다. 나는 크게 도운 것이 없으면서도 그의 소개가 고마웠다. 최근에 몸이 불편하여 지팡이를 짚고 다니면서도 그는 친구들의 방문을 반기며 동굴의 여러 곳을 안내했다. 그는 수년 사이에 관광용 동굴 개발에 다양한 아이디어를 지니고 많은 시설을 준비해 놓고 있었다. 광산 개발과 암석 광물과 터널 환경에 관한 지식을 넓혀온 그는 안내 설명을 정확하게 하고 있었다.

동굴 답사를 마치고 우리는 카페에서 차와 아이스크림을 들며 휴식과 함께 정기총회를 했다. 서울에서 동굴로 여덟 시간의 나들이는 참으로 즐겁고 잊을 수 없는 동창 행사가 되었다. 나는 충주 활옥 동굴의 대표에게 참으로 고마움을 표하며 최근 간행된 나의 산문집 『내 인생의 푸른 시절』을 선물했다. 충주 지역의 대표적 관광지 개발에 성공한 친우와 그의 배려심을 보며, 또한 코로나 이후 모처럼의 고교 친구들과 마음껏 웃고 즐긴 늦가을 한나절을 보내며 삶의 보람을 느꼈다.

・계간현대수필 여름호, 2023.

■ 서초문학상 본상(수필) 기타

수상 소감

서초문학상 지원 후보자로 참여해 달라는 독려를 받으며 작품집을 제출해야 하나 주저했습니다. 저는 오십 년 이상을 자원공학 분야의 연구생과 교수로 재직하다 정년을 하였고, 수필가로 등단한 지는 올해로 십 년이 되었습니다.

공학도인 제게 글쓰기는 여전히 어려워서 머리 안에서는 문장 내용과 구성이 뱅뱅 돌고 있으면서도 선뜻 글쓰기가 진행되지 않곤 하여 힘듭니다. 때로는 적절한 표현 문구가 떠오르지 않아 며칠을 중단하곤 했습니다. 최근에 유명 수필가의 〈유명해지지 않기로 했다〉는 글을 보며 마음을 다잡고 좋은 글을 쓰려 애쓰고 있습니다.

한편으로는 글을 쓰며 어느 정도까지 나를 드러내야 하나 하는 고민도 큽니다. 적어도 작가라면 자신을 다 보여주지 않으며 신비감이 있어야 하지 않나 하는 이중적이고 위선적인 생각도 합니다.

자신이 살아온 길을 돌아보며 기록으로 남기는 일은 보람 있는 인생 정리가 되지 않을까 생각합니다. 사회적으로 유명한 사람이어서가 아니라 또한 자신을 자랑하려 하여서가 아니라 단지 나의 인생을 솔직하고 정직하게 기록하는 고백 글쓰기처럼 여겨집니다.

〈현대수필〉로 등단 이후 제 주변의 여러 선생님과 문인들의 많은 도움과 배려로 여러 문예지에 수필 원고를 투고하며 문학회나 작가회 활동을 무난하게 해오고 있습니다. 서초문학상 후보를 심사하며 애써 주신 선생님과 문우님께 심심한 감사를 드립니다. 이번에 제게 주신 상은 앞으로도 쉬지 않고 꾸준히 글을 쓰라는 격려로 알고 겸손한 수필가가 되도록 노력하겠습니다. 여기까지 발걸음을 주신 분들께 감사의 말씀을 드리고 건강과 행복하시기를 바라며 소감을 마칩니다. 고맙습니다.

· 2023. 12. 4.

■ 서초문학상 대표작

내 인생의 푸른 시절

내가 가장 좋아하는 색은 푸른색이다. 푸른색을 언제부터 좋아했는지는 기억이 없다. 평소에 푸른색과 파란색을 혼동하고 있었다. 푸른색에 대한 사전적 설명은 '맑고 선명한 색을 뭉뚱그려 이르는 말로, 주로 파란색과 녹색을 가리킨다. 파란색과 녹색이 섞인 청록색도 여기에 해당한다'이다. 예를 들면 '푸른 하늘과 푸른 바다는 파란색 의미이고, 푸른 들판이나 푸른 숲은 녹색을 뜻한다. 푸른 청춘 또는 푸른 인생에서의 '푸른'은 '맑고 선명하며 신선한'이라는 수식어이다. 일상에서 푸른색, 파란색, 녹색이 자주 혼동될 때가 많다. 푸른색은 파란색과 녹색을 포함하나 파란색과 녹색은 엄연히 다르다.

파란색을 떠올리면 우선 내 양복 상의와 와이셔츠, 버스나 자동차 색, 내가 그렸던 수채화, 만년필과 볼펜, 편지지나 수첩, 내 책표지, 파란색 바탕에 흰 글씨나 파란색 글자 등이 생각난다. 서양화 전시에서도 파란색을 많이 쓴 작품에 매료된다. BMW(버스, 지하철, 걷기) 애호가인 내가 아마 승용차를 소유한다면 파란색 차일 거다. 무더운 여름이 지나고 비가 온 후에 유난히 높고 맑은 파란색 하늘은 내게 일상의 기쁨을 더해 준다.

여러 나라를 여행하며 바다 색깔이 파랗지만 않음을 알게 되었다. 바다색은 연두색, 에메랄드색, 다양한 스펙트럼의 파란색, 진한 청색, 어두운 흑색에 이르기까지 다양하다. 파란색 바다가 역시 시원하고 생기 찬 느낌을 준다. 녹색의 범위도 매우 넓다. 봄이 오면 모교를 등지고 있는 관악산의 넓은 산 등허리 숲에서 연두색부터 녹색의 아름다움을 보곤 했다. 녹색의 범위가 이렇게 다양한지 몰랐다.

〈현대수필〉로 등단한 이후 가입한 동인지의 이름이 〈청색시대〉이다. '청색시대'라 하면 먼저 피카소가 떠오른다. 〈청색시대〉라는 이름보다 〈푸른 시대〉 또는 〈파란 시대〉가 더 낫지 않을까. '푸른' 또는 '파란'이라는 표현이 훨씬 부드럽고 시원한 느낌이 든다. "푸른"이라는 용어를 우리 사회에서 ~재단, ~친구들, ~기술 등 여러 조직 이름 앞에 쓰고 있다.

내 인생의 진정한 푸른색은 언제였을까. 희망에 부풀어 활기차고 꿈이 넘치던 푸른 시절이 있었다. 대학에 입학했을 때, 박사학위를 취득했을 때, 세계 최고의 대학에서 유학 생활을 할 때, 모교의 신규 조교수로 발령받았을 때, 연구비 지원으로 처음 외국에서 개최된 국제학회에 참석했을 때 등 인생에서 여러 차례 기쁘고 행복한 푸른 순간들이 있었다.

청년 시절부터 지난 50여 년을 회고해 보면 30대 중반 영국 런던에서의 일 년은 특히 내 푸른 전성기였다. 당시는 나 홀로 생활하는 젊고 건강한 자유인이었다. 체재비를 두 재단에서 받고 있어 경제적으로 여유가 있었다. 오랜 역사와 문화 전통을 지닌 나라의 세계적인 대학에서 내가 원하는 주제로 연구 생활에 전념할 수 있었고, 비싼 전공원서들을 구입하기에 어려움이 없었다. 그 시기에 습득한 새로운 학술연구 지식과 경험은 교수 생활의 밑거름이 되었다. 나는 지금까지 '내 전성기가 언제였지' 하고 자문하면 서슴없이 '런던에서의 일 년'이라고 떠오르니 내 인생의 푸른 시절이었음이 확실하다.

살다 보면 누구에게나 인생의 푸른 시절이 있었을 것이다. 모르고 지나가기도 하고 또는 놓치기도 할 것이다. 오랜 시간이 지나고 나서 아쉬운 생각이 나면 그나마 다행이다.

"맞아, 그때가 나의 푸른 시절이었지." 하면서 말이다.

• 월간에세이, 2021.12.

■ 축시

은퇴는 인생의 시작*

남을 사랑하는 사람은 하늘의 사랑을 받는 법
하늘은 지식이란 보물을 하사하시어
남에게 가르침이란 귀한 선물을 나누게 하는 복을 주시니
사랑이 사랑을 낳는다는 우주의 진리에 감탄케하는구나
교수님의 친구 제자 모두 선생님의 가르침과
끝없는 사랑에 감동하여 학문으로 밝은 길을
인도해주신 과거의 은혜 감사하며
그 은혜의 일부라도 보답하고자
이 자리에 모여 축하 올립니다
선생님은 우리 모두에 별이 되셨고 달이 되셨지요
어둠과 좌절감에 절망하던 인생길에 빛이 되어 주셨고
배움의 갈증을 풀어 주셨으며 근심으로 가득 찼던
우리 마음에 희망을 주셨고 행복을 안겨 주셨지요
선생님의 총명과 지혜는 세계적 대학자로
응용지구화학 분야에서는 물론

서울대 에너지자원공학과를 세계지도에 올려놓아
우리의 자부심과 긍지에 날개를 달아주셨지요
우리 학과를 세계에서 제일의 교육의 전당으로 만드는 동기가 되셨고
우리에게 그 꿈을 이루게 하는 힘을 주셨습니다
감사한 마음으로 인생의 새 출발에 임하신 교수님께
기쁨과 만족의 결실만 있으시기를
우리 다 함께 두 손을 모아
축복의 기도와 선생님이 주시기만 했던
사랑을 선생님께 올리는 시간을
우리 모두 가져 봅니다
감사합니다 행복하세요!

존경하는 전효택 교수님의 은퇴를 같이 즐기며
서울 대학교에서 한국남
2012년 9월 5일.

---

* 서울대학교 에너지자원공학과에 방문 교수로 일 년간 초빙되신 한국남 교수가 저자의 정년퇴임 행사에서 낭독한 축시이다. 한 교수는 미국 South Dakota School of Mines and Technology 명예석좌교수이며 시인이다.

At the Beginning of a New Life

He who gives love to others will receive love from Heaven
God has given him a gift of knowledge and wisdom
That he can spread to his fellow professors and students
Reminding that love returns love, the truth of the universe
We can only admire the depth of the universal philosophy
We, your friends and followers gathered here tonight
To celebrate and respect your teaching and love
Your guidance and leadership has always
Led us to make the wise and prudent decisions
We send you our sincere appreciation with all our heart
Wishing to return a portion of what you have done to us
You have been our star and the moon
And always the bright light to us
In the dark and quite often miserable and unbearable passage
With a promise and happiness beyond our comprehension
Your bright and high stature of intellect as one of the best in the world
Help place not only the field of geosciences
But the Department of Energy Resources at SNU
In the middle of the world map of science and engineering
And make us proud and confident in our efforts

To become the world best and to empower us to carry out the goal

On this momentous occasion entering a new passage of your life

We are here together and put our humble hands together

To pray and celebrate the best day of your life

Be filled with success and happiness

It is our turn to return the favor you always given us

To you and yours with forever love and appreciation

We all thank you so very much

And God Bless!

September 5, 2012

Kenneth N. Han

At the day of a new beginning

For Professor H. T. Chon

2. 책을 읽고

한 게으른 시인의 이야기

표지부터 특이하다. 여성 작가의 담배를 피우는 모습의 사진이 표지 절반 크기로 디자인되어 있다. 몹시 상념에 잠긴 듯한 표정이다. 이 표지가 독자들에게 어떤 의미와 공감을 줄까.

'작가는 한국 현대 시사에서 가장 독보적인 자기만의 시언어를 확립하며 기존의 문학적 형식과 관념을 보란 듯이 위반하고 온몸으로 시대의 상처와 고통을 호소해 온 시인'이라 한다. 현대 시인으로는 드문 대중적 인기를 얻어 박노해, 황지우, 이성복 등과 함께 시의 시대 1980년대(민주화운동이 한참이던 시기)가 배출한 스타 시인으로 꼽힌다.

최승자 시인이 첫 산문집(1989) 이후 32년 만에 개정증보판(『한 게으른 시인의 이야기』, 189쪽, 난다, 2021)을 냈다. 이 증보판에는 1995-2013년 사이에 쓴 산문이 제4부 〈모든 물은 사막에 닿아 죽는다〉에 고작 6편이 추가되어 있다. 글쓰기에 무척 게으른 작가로 보인다. 이 산문집의 1부~3부는 1976년에서 1989년까지의 25편 산문이다.

첫 산문집도 같은 제목으로 출간되었다. 첫 작품 〈다시 젊음이라는 열차를〉은 1976년(저자 나이 24세) 작이다. 20대 중반 나이에 벌써 '쓸쓸함을 안다. 인생의 뒤켠 죽음의 근처를 응시하는 눈을 갖는다. 조금씩 망가져 가고 있는 기분이 든다. 한 10년쯤 누워 있고만 싶어질 때가 있다. 다시 나는 젊음이라는 열차를 타려 한다'고 쓰고 있다. 나는 그 나이에 그런 상념에 빠져 본 적이 있나 하며 작가의 마음을 이해해 보려 하나 이해되지 않는다.

24세에 자신이 썼던 "다시 나는 젊음이라는 열차를 타려 한다"라는 문장을 마주하고 웃음이 나올 뿐이라던 38세 때의 시인. 다시 32년 만에 돌아보게 된 자신의 말을 앞에 두고 "지나간 시간을 생각하자니 웃음이 쿡 난다"는 70세의 시인.

32년 만에 증보하여 펴내는 개정판에서 시인은 "웃을 일인가" 스스로 물으며 "그만 쓰자" 스스로 답하는 시인. "끝", 그렇게 마치는 시인, 부단히도 게으른 한 시인의 이야기이다.

책의 제목인 『한 게으른 시인의 이야기』 작품에서는 저자가 체험적 시론에 대한 요청을 받고 쓴 글이다. 열심히 열정을 갖고 쓰지 못하는 이유를 저자가 아마도 시에 대해 그리고 시를 쓴다는 행위 자체에 대해 아무런 믿음도 아무런 희망도 갖고 있지 못하기 때문이라 했다. 시 쓰는 것이 어떤 희망과 구원을 줄 수 있다고 믿기에 저자는 심각한 비관주의자라고 고백한다. 시 쓰기는 '단지 작은 위안이 될 수 있을 뿐'이라는 메마른 불모의 시인이다. 이 구제 불능의 게으름은 저자의 비관주의, 혹은 패배주의와 상당히 깊은 관계라고 고백한다. 이제는 무엇을 해야 할까 물으면 시인의 대답은 그저 무심하다.

'문학으로 되돌아올 수밖에 없는 나, 그러므로 시는 그대로 쓸 것'이라고.

이 시인을 이야기할 때 빠지지 않는 것은 '죽음'이다. 책 속에 〈죽음에 대하여〉라는 글을 31세에 발표하고 있다. 시인은 '죽음은 언제나 유혹처럼 감미롭게 찾아드는 다른 손길이었고, 삶의 편에서 죽음을 짝사랑해왔던 것인지도 모르고, 일찍 죽을 것이며 아마도 자살할 것이라는 고정관념을 갖고 있었다'고 고백한다. 어머님의 죽음을 통해 죽음의 관념 혹은 죽음의 감각을 산산이 깨뜨려 이 일회적인 삶을 똑바로 직시할 수 있게끔 해주고, 죽음과 더불어 살아야 한다는 잘 살아야 한다는 당위성과 용기와 각오를 갖게 해준 것'이라고 깨닫는다. 시인이 '행복의 가능성을 굳세게 믿지 못했던 것은 그 가능성이 너무도 작고 여린 반면 불행의 가능성은 상대적으로 너무도 단단해 보였고, 어쩌면 시각 자체가 너무도 굳고 경직되어 있었기 때문인지도 모른다'고 서술하고 있다.

문인들은 절필한다고 공개적으로 선언하고는 쓰지 않고는 못 배기는 듯하다. 차라리 당분간 절필하겠다, 또는 앞으로 심사숙고하며 정진하겠다고 하고 침묵과 잠행으로 자기 수양을 한 이후에 다시 세상으로 나아간다며 집필함이 나의 방식일 것 같다.

나는 삶의 방식을 절망보다는 희망을 바라보며, 또한 비관적보다는 낙관적으로 생각하며 살아와서인지 시인과 거의 동시대를 살아온 세대임에도 시인처럼 이렇게 통절하게 시대를 고민한 적은 없다. 이왕 수필집을 낼 것이었다면 좀 더 빨리 낼 걸 하고 후회하는 시인을 보며 나는 어떠한가 하며 자신을 돌아본다.

• 수필시대 봄호, 2023.

남아 있는 나날

'평화는 그것을 원하고 지키려는 용기 있는 자에게만 주어진다'는 로맹 롤랑의 말은 현실적인 교훈이 아닐까.

최근 가즈오 이시구로의 『남아 있는 나날』(원본 1989년 간행, 송은경 옮김, 민음사, 2009)을 읽었다. 소설 속의 시기는 1956년 여름이다. 달링턴 홀의 새 주인인 미국인 존 패러데이는 집사 스티븐스에게 영국 남서부로 일주일간 자동차 휴가 여행을 권유한다. 달링톤 홀은 옥스퍼드 근처에 있고, 지난 200여 년간 달링턴 가문의 소유였다. 스티븐스는 이 홀에서 35년간 집사로 근무하며 달링턴 주인을 위해 헌신적으로 봉사했다. 직원 17명을 관리했으나 지금은 4명으로 축소되었고 주인도 미국인으로 바뀌었다. 마침 20년 전 잉글랜드 남서부 콘월지방으로 결혼해 간 총무 켄턴 양의 편지를 7년 만에 받은 상태였다.

6일간의 여행지역은 달링턴 홀을 출발 잉글랜드 남서부 지역으로 이동하며 솔즈베리, 모티머 연못(도셋 주), 톤턴(서머싯 주), 타비스톡(데번 주), 리틀컴프턴(콘월 주)를 지나며 종착지는 웨이머스

(도셋 주) 바닷가 마을이다.

여행 첫날 집사는 선물로 받은 고급 양복을 입고 주인의 포드 승용차로 솔즈베리에 오후 3시경 도착했다. 거리에서 솔즈베리성당의 위대함을 보았다. '위대한 집사는 누구인가?'가 아니라 '위대한 집사는 무엇인가?'를 생각했다. 헤이스 소사이어티(1920-1930)는 오직 일류급 집사만이 가입할 수 있고 품위를 중요시하는 단체이다.

둘째 날부터 집사는 여행하며 과거를 회상했다.

1923년 3월의 국제회담이었다. 제1차 세계대전 이후 연합국과 독일 간의 베르사유 강화조약(1919)은 독일에 매우 불리했다. 달링톤 나리는 1920년대 말 베를린에 처음 여행하며 독일의 패전국 취급과 위기 사태를 걱정했다. 그는 1922년 비공식 국제회담을 개최하였고, 1923년 3월 마지막 주에는 유럽의 평화와 정의를 위해 프랑스 정책을 바꾸기 위해 회의했다.

과거 방문 손님들, 외무장관 헬리팩스 경, 독일 대사 리벤트로프(히틀러 흑심, 사기꾼이자 책략가) 등을 생각했다. 1934년 뉘른베르크 나치 전당대회가 있었다. 달링턴 경은 반유대주의자가 되어 유대인 하녀를 내보냈다. 집사는 달링턴 나리가 고귀하며 존경할 만한 덕목을 갖추었다고 생각하여 충성했다. 나리는 독일과 이탈리아의 파시스트를 옹호하며 영국은 뒤처져 있다고 했다. 주위에서 '어르신은 지금 깊은 수렁에 농락당하고 있고 나치들이 꼭두각시처럼 조정하고 있어.'라고 할 정도였다.

'…지난 몇 년 사이 어르신은 아마도 히틀러가 이 나라에서 벌여 온 선전 책략의 가장 유용한 도구이자 유일한 도구였을 거요. 진실하고 지조가 곧은 양반일 뿐 아니라 당신이 하는 일의 진정한 성격을 간파하지 못하셨기 때문에 더더욱 유용하겠지.…'

정직하고 존경받는 신사인 달링턴 경이 나치 지지자로서 교활한 히틀러에게 이용당하고 있음을 의미하고 있다. 종전 후 달링턴 경의 명예를 모독한 모욕자들에 대한 법의 심판은 실패되었고 나리는 병자처럼 처참해져 몰락했다.

소설의 배경 시대에 실제 영국 수상은 네빌 체임벌린(1937-1940 재직), 당시 국왕은 조지 6세였다. 체임벌린 수상은 평화와 대화를 추구한 평화론자여서 이상적인 외교적 방법을 추구했다. 그는 최악인 전쟁만은 피하자는 생각이어서 히틀러나 무솔리니 등 전체주의자들을 유화시키자는 목적이었다. 그는 히틀러의 오스트리아 병합이나 독일인 보호 명목으로 체코 내의 주데텐(Sudeten) 지역의 합병 요구를 들어주었다. 독일과 영국 사이에는 절대로 전쟁이 없을 것이라는 문서에 조인하였는데, 이 문서는 역사상 악명 높은 거짓 문서였다. 히틀러는 곧 체코를 침략했고, 독소불가침조약을 맺은 후 폴란드를 침략하며 제2차 세계대전을 발발했다. 체임벌린 수상은 사임하고 6개월 후 사망했다. 그는 순진한 이상자로서 독재자 히틀러에게 속았고 제2차 세계대전도 막지 못한 점 잖은 평화론자로서 치욕 속에 사라졌다.

이 소설은 저자에게 부커상(1989)과 대영제국훈장을 수상(1995)케 했고 영화화되며 세계적 명성을 얻게 했다. 저자는 '소설의 위대한 정서적 힘을 통해 인간과 세계를 연결하고, 그 환상적

감각 아래 묻힌 심연을 발굴해 온 작가'라는 평과 함께 2017년 노벨문학상을 수상했다. 이시구로는 1954년 일본 나가사키에서 태어나 다섯 살 때 해양학자인 아버지를 따라 영국으로 이주한 재영국 일본인이다. 유년 시절부터 대학(켄트대학교 영문학, 철학 학사), 대학원(이스트앵글리아대학교 문예창작 석사) 졸업까지 영국에서 공부했고 영어로 소설을 집필했다. 노벨문학상 후보작은 영어로 출판되어야 가능하다. 나는 이런 면에서 이 작가가 부럽다. 그는 일본인이었으나 어려서부터 영국에서 살고 교육받아 영어로 소설을 출판했기 때문이다.

이 작품은 번역이 잘 되어 술술 읽힌다. 300쪽이 넘는 장편소설이나 로맨스가 없는 점이 특징이다. 주인공 집사는 새 주인인 미국인을 위해 농담 실력과 유머 감각을 익히겠다고 생각하며 소설은 마친다.

히틀러는 내가 가장 혐오하는 역사적 인물 두 명 중의 하나이다. 당시 유럽에 불던 사회주의 공산주의 사상은 귀족계급이나 자산가에게는 두려운 대상이었다. 특히 러시아에서 사회주의 공산혁명의 성공은 이들에게 큰 두려움이었다. 히틀러는 자기가 집권하면 절대로 사회주의 공산국가가 되지 않는다는 확신을 주며 정권을 장악했다. 작가는 영국 사회에서도 이러한 나치즘을 선호하는 귀족계급의 한 예로 달링턴 경과 같은 추종자를 보이며 몰락해 가는 모습을 전개하고 있다. 히틀러같이 믿을 수 없는 독재자에게 신사적인 태도로 접근함이 얼마나 어리석었나를 외교 역사는 보여주고 있다.

나는 신뢰할 수 없는 사람이나 국가의 믿을 수 없는 약속을 믿으며 이번에 양보하면 다음에는 그러지 않겠지 하는 기대는 매우 위험한 발상이라고 생각한다. 인간관계에서도 약속을 자주 어기거나 말을 바꾸는 사람과는 더 이상 접촉하지 않는다.

'숙고하지 않는 삶은 가치가 없다.'

• 리더스에세이 여름호, 2023

러시아의 작가 나기빈

러시아문학반에서 수년 전 유리 나기빈의 작품을 접했는데, 그 전까지 나는 이 작가의 이름도 그의 소설 작품도 전혀 몰랐다.

'저는 1920년 4월 3일 모스크바의 사무원 가정에서 태어났습니다. 8살 때 부모님은 이혼하였고 그해 어머니는 작가인 야코프 리카체프와 결혼하였습니다.'

유리 나기빈(1920-1994)은 계부 야코프로부터 좋은 책을 읽는 법과 읽은 책에 대해 생각하는 법, 즉 문학작품을 대하는 법을 배웠다. 그의 계부를 만나러 집에 자주 드나들었던 작가 안드레이 플라토노프가 나기빈의 작가 생활에 야코프와 나란히 큰 영향을 미친 제2의 문학 스승이다.

안드레이 플라토노프(Andrei Platonov, 1899-1951)의 대표적 작품으로는 단편 〈귀향〉, 장편 『행복한 모스크바』가 있는데, 공산주의 체제에 비판적이어서 탄압의 대상이었고, 생전에 작품 『구덩

이』(1929-1930 완성)의 출판이 허락되지 않았다. 가난과 폐결핵으로 사망하였으며 그의 작품은 1980년대 말에야 출판되었다.

    나기빈은 1938년(18세) 모스크바의과대학에 입학했으나 적응하지 못하여 한 학기를 겨우 마치고는 러시아영화대학 시나리오 학과에 다시 들어갔고, 1940년(20세) 첫 단편 〈이중의 실수〉로 등단했다. 그는 '단편소설과 중편소설들이 나의 진정한 전기다'라고 말한다.

    나기빈은 전후 소비에트의 대표적인 단편소설 작가이며, 1960-70년대 현대 러시아 문학사에서 반드시 언급되는 작가이다. 그의 문학적 재능이나 러시아 문학사에서의 위치, 즉 최고의 단편소설 작가임에도 국내에 잘 알려지지 않았다. 현재 국내에 출간된 번역본은 『메아리』(국내 번역본 출판 2000), 『금발의 장모』(2009), 『겨울 떡갈나무』(2013), 『유리 나기빈 단편집』(2016) 등이 있다.

    그의 명성은 대부분 소설이지만 그 외에도 에세이와 여행기와 그의 소설에 토대를 둔 30여 편의 영화 시나리오가 있다. 첫 작품집 『전선에서 온 사람』(1943)부터 사후에 발표된 『금발의 장모』(1994)에까지 작가 자신의 체험과 추억이 주 소재였다. 소설에서는 일상적 인간의 본성 문제와 인간 내부의 심리적인 문제에 대한 예리한 분석과 통찰이 자주 나타난다. 그의 작품 세계는 공통되는 주제, 주인공, 화자로 묶을 수 있는 여러 서클, 즉 '전쟁', '사냥', '자서전적', '역사적 전기' 서클로 나누어지며, 그의 작품에서 가장 넓은 테마는 '사랑'이다.

러시아에서는 1980년 4월 그의 60번째 생일을 기념하여 작품 전집이 출간되었다. 그의 단편들은 모두 삶에 대한 깊이 있는 통찰에 의한 소재의 설정, 표현되는 에피소드들의 엄격한 상호 연관성, 간결한 구조, 깊이 있는 주제성을 특징으로 한다. 그의 문체적 특성은 사실적 묘사의 정확성과 주변 세계의 묘사에 대한 손에 잡힐 것 같은 형상성이다.

나기빈은 다섯 번 이혼하고 여섯 번이나 결혼했다. 마지막 아내인 알라 그리고리에브나와는 1968년(48세) 결혼해서 1994년(74세) 생을 마감할 때까지 26년을 함께 살았다. 그는 인터뷰에서 '여인을 선택하는 것은 자기 자신을 선택하는 것이다. 그리고 사람에게 필요한 것은 지위도 성공도 아니며 자기 자신을 찾아내고 인식하는 것이다'라고 했다.

나기빈 사후에 자신의 첫사랑을 소재로 했던『다프니스와 흘로야. 개인숭배, 주의, 정체의 시대』, 어머니에 대한 회고와 그 시대상을 그렸던『터널 끝의 어둠』, 세 번째 부인의 모친과 사랑을 다루었던『금발의 장모』등이 발표되자 기절할 정도의 성 묘사와 반윤리적 파격에 놀란 러시아 문단과 사회에 일대 파란이 일어났다.

이 작품들보다 더 폭탄적인 소용돌이를 몰고온 것은『일기(Dnevnik)』였다. 이 기록은 그의 극단적인 치밀성의 소산으로 1942년부터 1986년까지 무려 44년간 러시아 사회를 관통하면서 계속해 온 동시대 인간들에 대한 나기빈의 극사실적인 관찰과 비평이다. 2권으로 묶여 나기빈 사망 직후 출판된 이 기록물에서 그는 격동적 러시아 사회를 살아가는 유명인들의 언행과 뒷이야기를 까뒤집는 예리한 통찰, 가차 없는 악담과 비판을 소나기처럼 퍼붓고 있다. 이 세상에서 예외는 단지 3명, 즉 마지막 아내 알라와 하녀, 불우하게 세상을 떠난 문학 스승 안드레이 플라토노프를 뺀 모든 인간이 그의 표적이었다. 나기빈은 죽음을 앞둔 열흘 전까지도 이 방대한 기록을 출판하는데 마지막 기력을 쏟아부었다고 한다.

그는 74년 생애 동안 어떻게 사회주의 리얼리즘 분위기에서 소설가로서 무사했을까. 당시는 공산주의 독재체제에 순응하며 러시아의 농민과 자연환경의 아름다움을 노래하면 통과되었다. 그는 작품에서 정치 주제를 다루거나 체제에 도전하고 비판적이며 불만을 비유적으로 표현하지 않았다. 그의 작품은 특히 『금발의 장모』와 같이 성 묘사라든지 비윤리적인 파격적 묘사, 결혼 이혼의 반복 등 주제가 사랑이어서 당시 사회는 성 윤리에는 무관하고 용인하는 편이었다. 실제 그의 결혼 생활이 그러했다. 그의 극사실적인 기록 작품 『일기』가 생전에 발표되었다면 그의 운명은 완전히 달라졌을 것이며 아마도 체포되어 작가로서 매장당하였을 것이다.

1934년 스탈린 집권기에 제안된 사회주의 리얼리즘에서는 한결같이 소련적인 것과 러시아적인 것을 강조했다. 혁명의 발전과 일치하지 않는 현실 묘사와 현실 비판적인 태도는 반소행위로 간주하였으며, 특히 풍자 형식을 빌린 시대 비판은 '인민의 적'으로 몰아 수용소로 보내거나 숙청했다. 국가 지도자가 문학 활동까지 간섭하는 비정상적인 시기에 작가들의 자유로운 체제 비판과 저작 활동은 거리가 멀었다. 더 어처구니없는 것은 최고 위정자가 누구냐에 따라 소설이나 희곡 작품에 대한 판단 기준이 달랐다. 심지어는 노벨문학상 수상 여부까지 간섭하는 강제성과 허울 좋은 사회주의 리얼리즘으로 족쇄를 채웠다. 러시아에서 이 체제를 적극적으로 수용하고 강하게 주장하면서 반체제적 작가를 심하게 공격하고 추방한 문학인치고 알려진 유명한 작가는 거의 없다.

내가 이러한 사회에서 태어나 어려운 시기를 살아갔다면 어떠했을까를 상상해 본다. 사회주의 이념을 내세우며 공산 독재를 추구하는 비정상적인 사회에서 지식인의 역할을 추구하지 않았을까, 아니면 체제에 순응하며 무사안일하게 살아갔을까. 전후 소비에트의 대표적 작가 나기빈을 생각하며 잠시 상념에 잠겨본다.

• 계간현대수필 여름호, 2024.

발칙한 유럽 산책

『발칙한 유럽 산책』(2008(초판), 21세기북스)의 저자 빌 브라이슨(1951-)은 미국 아이오와주 출신이다. 그는 1972년에 처음 유럽에서 4개월 동안 방랑자 생활을 했는데 평생 가장 행복한 여름이었다고 한다. 유럽을 여행하다 영국의 매력에 빠져 이십 년을 거주한 후, 미국으로 돌아가 십오 년을 살다가 다시 영국으로 돌아와 영국 시민권을 취득했다. 영국에서 〈런던타임스〉와 〈인디펜던트〉의 기자로 일했고 더럼(Durham)대학교 총장을 역임했으며, '영국 농어촌 마을 지키기 운동' 회장직을 맡았고, 문학에 기여한 공로로 대영제국 명예훈장을 받았다. 세상에서 가장 재미있는 여행작가라는 별명을 가지고 있는 그는 현존하는 최고의 여행작가 중 한 명이다.

옮긴이(권상미)는 작가의 매력을 세 가지로 표현한다. 그는 시원하다, 그의 글은 코미디다, 그의 글은 발칙할지언정 의외로 인간적이며 누구나 공감할 수 있는 따스함이 있다. 여행, 유럽- 누구나 설레게 하는 두 단어이다. 여행을 꿈꾼다면, 시시한 여행기에 싫증이 났다면, 여행기를 읽으면서 글 읽는 재미 또한 느끼고 싶다면, 또는 전문 글쟁이들의 여행기 마니아라면 독자에게 이 책-빌 브라이슨, 그와 떠나는 유쾌한 유럽 여행-을 슬쩍 건네주고 싶다고 말한다.

이 책은 유럽의 국가 또는 도시 이름으로 모두 22개의 장으로 구성되어 있다. 방문 지역은 북유럽(노르웨이, 스웨덴, 덴마크), 서부 중부 유럽(프랑스, 벨기에, 네덜란드, 스위스, 리히텐슈타인, 독일), 동유럽(오스트리아, 유고, 불가리아, 튀르키예), 남유럽(이탈리아)이다. 각 장의 제목으로 21개 도시 이름이 열거되는데, 노르웨이 최북단인 함메르페스트를 첫 장으로 시작하여 아시아와 허리를 맞대고 있는 튀르키예의 유럽 지역인 이스탄불이 마지막 장이다. 유럽 지역에 익숙한 내게는 마치 친구를 만나는 기분이다.

'오리엔트 특급을 타고 불가리아 소피아에서 이스탄불로 간 여행이었다(마지막 22장). 오리엔트 특급은 어느 모로 보나 끔찍했다. 덥고 악취가 심했으며 통풍이 잘 안 되고 낡아빠진 데다가 혼잡하고 고물에다가 느렸다. … 특히 승객이 먹는 치즈 냄새가 고약했다.

이스탄불 시내는 우리가 타고 온 기차와 비슷했다. 덥고 악취가 심했으며 혼잡하고 낡아 빠졌다. 음식은 한 마디로 무시무시했다. 썩은 내가 나는 치즈'-웨이터에게 하는 질문표현을 보자.

"그러니까 소가 똥 쌀 때 음식 접시에 바로 받은 거요, 아니면 소가 똥을 싼 다음에 퍼서 접시에 담은 거요?"

코펜하겐에 대해서는 긍정적이다. '특별히 아름답지는 않지만 매우 끌리는 도시이다. 도시 인구는 50만 명. 그러니까 덴마크 인구의 4분의 1이 거주함에도 대학촌 같은 분위기를 간직하고 있는 곳이다. 다른 멋진 도시와 달리 자만심 따위는 없다. 제국주의 과거를 상징하는 기념물(장군이나 군주의 동상)도 구조물도 별로 없다. 작은 인어 동상이 여행객을 맞으니 얼마나 근사한가.'

나는 수년 전 코펜하겐을 두 번 방문한 적이 있다. 17-18세기 무렵의 주택이 늘어선 뉘하운(Nyhavn= New port), 새로운 운하 거리가 인상적이었다. 유난히 값비싼 햄버거가 기억나지만.

이 책의 발간은 1992년이니 저자는 1990년에 유럽을 여행한 듯하다. 이 시기의 유럽 여행 내용은 현재와는 매우 다를 것이다. 특히 소련에서 해방된 동유럽의 1990년은 지금과 너무도 판이하다. 한 예를 들어 본다.

나는 지난 1994년 9월 헝가리의 옛 수도인 크라쿠프(Krakow)에 학회 참석차 일주일간 방문한 적이 있다. 가을이었는데도 성당 앞 광장이 한산하고 그리 쓸쓸할 수가 없었다. 지금이야 폴란드의 가장 인기 있는 관광지로 변했지만.

나는 여행은 망설이지 말고 기회가 오면 저지르라고 권고한다. 내겐 지금도 후회되는 여러 경우가 있다. 교수 재직 중 남극 방문 답사 기회가 두 번이나 있었으나 여행 기간이 한 달이나 되어 다음으로 연기하곤 했다. 대학에서의 업무가 바쁘긴 했으나 완전히 지원받는 초청 여행임에도 한 달간 연구실을 비울 수 없어 다음에 가지 하며 미루었다. 이제는 초청받을 기회도 없고, 굳이 가려면 자비로 가야 한다. 또 한 경우는 지난 이십여 년 전 남아프리카 공화국의 케이프타운에서 개최된 학회 참석이었는데 일주일간의 시간 여유가 없어 박사과정 지도 학생을 대신 참여시키고 나는 다음에 가지 하며 미루었다. 지금까지 그곳을 방문하거나 여행할 기회는 오지 않고 있다.

• 리더스에세이 봄호, 2023

용서하지 않을 권리
◦ 가해자와 피해자

'당신이 사건 기억을 잊게 만들 능력은 제게 없지만, 그 기억을 가지고도 주어진 일을 계속하고자 애쓰는 당신을 곁에서 도울 수는 있을 것 같습니다.'

『용서하지 않을 권리』(웨일북, 2022)의 저자 김태경 교수는 임상심리학자이자 범죄심리학자, 트라우마 상담가다. 저자는 범죄 피해자들의 든든한 지지 세력을 구축하고자 이 책을 집필했다고 한다. 저자가 이 책에서 말하고자 하는 가장 큰 가치는, 범죄 피해자들이 트라우마를 과거로 흘려보내고 지금 여기에서의 삶에 집중하기 위해 분투하는 과정을 함께 하는 일이며, 그들이 후유증을 극복하고 일상을 회복하는 고된 과정을 돕는 것이다.

살아가면서 생명을 위협당했다고 느낄 만큼 강렬한 경험인 트라우마 사건에 대한 기억을 잊기는 불가능해 보인다. 인간에 의해 자행되는 범죄는 재난이나 교통사고보다 더 심각한 후유증을 초래한다. 무엇보다 인간에 대한 믿음과 신뢰가 훼손됨으로써 안전감을 회복하기는 쉽지 않다. 내 경우도 과거 어린 시절 또는 학생 시절 희로애락과 관련된 오랜 기억도 잊지 못하는 경우가 많은데, 자신의 생명 위협 사건을 어찌 잊을 수 있겠는가.

가해자는 인권 보호라는 명목으로 본인에게 불리한 증언에 대해 진술거부권을 행사할 수 있으나, 피해자에게는 범죄를 당한 이유를 찾으며 사생활까지 낱낱이 밝히기를 요구받는다. 피해자는 가해자를 심판하기 위해 또한 손해 배상 등 보상을 받기 위해 피해 상황을 자세하게 진술해야 한다. 우리 사회는 여러 방식으로 피해자에게 사건에 대해 자세히 말할 것을 반복적으로 요구한다. 피해자가 침묵이라도 하면 무언가를 숨기고 있다고 의심하고, 실언이라도 하면 그것을 근거로 진정성을 의심한다. 더욱이 성폭력과 같은 피해 상황이라면 말도 못 할 부끄러움과 모멸감을 감내하여야 한다. 피해자의 진술이 언론이나 다른 매체에 공개될 수도 있고, 다시 2차 피해를 겪는다. 피해자가 범죄 자체(1차 피해)보다 2차 피해를 더 고통스럽게 경험한다.

나는 여기에 범죄자와 피해자에게 큰 문제와 차별이 있다고 생각한다. 이 책을 읽으며 2차 피해가 더 심각함을 알게 되었다. 범죄인, 즉 가해자에 대해서는 '천하에 나쁜 x, 반드시 벌을 받아야 해'라고 말하면서도 피해자 본인과 피해자 가족의 처절한 상황을 마치 내가 당한 것처럼 철저히 파악하지 못했다. 특히 최근에 일어난 여러 성폭력 사건에 대해 피해 여성이 만약 내 가족이었다면 하며 내 일처럼 심각하게 받아들이지 못했다.

저자는 피해자를 바라보는 적정한 시선과 태도는 섣불리 위로

하지 않는 데서 시작한다고 말한다. 무엇보다 피해자의 '용서하지 않을 권리'를 존중하는 데 있다. 사회는 위로를 가장해 '죄는 미워하되 사람은 미워하지 말라'라며 피해자에게 범인을 용서할 것을 강요한다. 나는 이러한 종교적 표현이나 행동을 별로 달가워하지 않는다. 참으로 무책임하고 공감할 수 없는 위로의 표현이라고 생각한다.

오보로 유족을 두 번 울리고도 책임지는 사람은 아무도 없다. 저자는 잔혹한 범죄에만 주목하는 사회에서 사람으로 시선을 옮기기 위한 시도를 담았다. 모두가 사건에 주목하고 있을 때, 피해자들의 아픔과 상처를 가장 가까운 곳에서 함께한 저자가 마주한 치열한 고민의 흔적들이 이 책에 고스란히 담겨 있다. 누구나 쉽게 범죄에 노출되고 피해자가 될 수 있음에도 우리는 가해자 관점으로 범죄를 보고, 그 잔혹성에만 주목한다. 이런 시각은 피해자를 궁지로 몰 뿐만 아니라 남은 삶을 영위할 수 없게 만든다. 범죄 피해자 역시 나름의 방식과 각자의 속도로 회복의 여정을 밟아간다. 범죄 피해자의 회복 과정을 함께 하는 경험이 누적될수록, 그리고 그들의 이웃이 피해자 보호를 위해 노력하는 과정을 지켜보면서 인간의 내면 깊숙이 선한 의지가 강력하게 자리하고 있음을 알게 된다고 저자는 언급한다. 사실 나처럼 피해자와 가족의 처지에서 절실히 느껴보지 못한 사람들에게 이 책은 많은 가르침을 주고 있다.

살인 사건 유족의 경우 그들에게 회복은 살인의 기억을 잊는다는 것을 의미한다. 금전적 배상이 필요한 사건이면 구조금 지급은 유족에게는 고인의 목숨값으로 인식되고 그래서 한 푼도 쓰지 못하는 유족도 적지 않다고 한다. 강도와 폭행 치상 피해자는 사건 직후 전형적인 급성 불안 증상을 더 강하게 드러내는 경향이 있다. 인간은 본능적으로 상황에 대한 통제감 상실을 강력한 위기로 인식한다. 온몸을 칼에 찔린 사고로 수 개월간 입원 치료 후 퇴원한 환자는 집으로 돌아와서도 불면, 공포, 분노 등으로 고통받는다. 신체적 통증 관리에 집중하던 그의 뇌가 이제는 정서적 통증을 인식하게 되므로 그 후유증의 호전은 쉽지 않다.

성폭행을 면하기 위해 목숨을 걸었던 피해자에 대해 세상의 평가는 극명하게 갈린다. 폭행 중에 피해자가 겪은 극도의 공포와 고통에 대해 공감과 연민의 고조가 있는가 하면, 그깟 성적 순결성이 뭐라고 목숨까지 바치며 지키려고 애를 쓰느냐 식의 조롱도 있다. 나는 이러한 무책임한 사람들에게 한번 처지를 바꿔서 생각하고 판단하라고 말하고 싶다. 만약 당신의 가족이 이러한 성폭력 피해를 당했을 때 그런 무책임한 심한 표현이나 생각을 할 수 있는지 말이다. 디지털 성폭력은 적지 않은 피해자가 자신의 피해 사실을 지인이나 심지어 가족이나 연인을 통해 알게 된다.

피해자는 물리적, 정신적 능력이 충분함에도 왜 범인의 손아귀에서 벗어나지 못하고 반복적으로 범죄 피해를 당해 왔나 하고 의문을 던질 수 있다. 인간이 합리적이고 올바르게 사고하는 경향뿐만 아니라 비합리적이고 올바르지 못한 방식으로 사고하는 경향도 함께 지녔다는 점을 간과해서는 안 된다. 사람은 실수하는 과정에서 성장하며 평화롭게 사는 법을 배우는 존재이다. 일반적으로 사적 복수라는 주제에 매력을 느끼는 이유가 있다. 국민적 정서에 비추어 가해자에게 선고하는 형량이 턱없이 적기 때문이다. '무전유죄, 유전무죄'라는 사법부에 대한 불신이 그 바탕에 깔려있다. '눈에는 눈, 이에는 이'로 대표되는 인과응보적 가치는 인류의 집단 무의식 속에 강하게 자리하는 핵심 신념일 수도 있다. 나는 종교에 대한 신뢰감이 비교적 높고 또한 사람은 기본적으로 주변을 배려하며 선하게 살아야 한다는 생각이 강하다. 인간으로서 도저히 용서할 수 없는 범죄를 저지른 가해자에 대해서는 극형에 처할 수도 있고, 인권은 그 가치가 적용할 만한 사람에 대해서 필요하다고 믿는다.

우리나라에서의 연간 형법 범죄 발생 건수는 인구 십만 명당 약 2천 건이다. 즉 누군가의 비운이나 죽음은 결코 나와 무관하지 않고 가까이에 있다. 당신이 아직 범죄 피해를 겪은 적이 없다면 단지 운이 좋았을 뿐이다. 지금처럼 범죄의 잔혹성에 초점을 맞추고 범죄자의 심리를 이해함에 피해자를 이용한다면, 피해자 입장에서 사건을 조망하고, 그들을 공동체 일원으로 보호하고 지원할 방법을 적극적으로 모색해야 한다.

나는 악질적인 범죄자에게 매우 냉혹한 편이다. 인권과 같은 존귀한 문제를 적용할 가치가 없는 사람들, 예를 들면 저항 능력이 없는 유아나 어린이의 유괴 살해범, 무력한 노인이나 힘없는 부모 살해범, 전혀 반성의 여지가 없는 전과자들과 범죄 이외엔 생각하지 않는 흉악범은 소설 『빠삐용』(앙리 샤리에르의 자전적 소설)처럼 무인도 형무소에 격리하는 방법을 선호한다. 나는 누가 판단

해도 안전한 사회에 있어서는 안 될 범죄자는 철저하게 격리하고 감시하여야 한다고 생각한다. 내게도 살아오면서 용서할 수 없는 사람들이 있다.

  최근에 읽은 김주혜, 『작은 땅의 야수들』에서 '삶은 견딜 만한 것이다. 시간이 모든 것을 잊게 해주기 때문에. 그래도 삶은 살아 볼 만한 것이다. 사랑이 모든 것을 기억하게 해 주기 때문에.'라는 글이 위로가 되었다. 세상에는 범죄자보다 선한 사람들이 더 많고, 모든 것을 덮어줄 유일한 사랑이 있기에 말이다.

• 수필과비평, 2023. 7.

자유인 조르바

'나는 아무것도 바라지 않는다. 나는 아무것도 두려워하지 않는다. 나는 자유다.'

『그리스인 조르바』(1942)의 작가 니코스 카잔차키스(1883-1957)가 그의 고향이자 무덤이 있는 그리스 크레타섬에 생전에 마련한 묘비명이다.

『그리스인 조르바』(이윤기 옮김, 열린책들)는 작가에게 세계적 명성을 안겨준 작품이다. 자유인 조르바가 펼쳐가는 영혼의 싸움을 그리고 있다. 조르바는 카잔차키스가 자기 삶에 큰 영향을 끼친 사람으로 꼽는 실존 인물이다. 조르바 이외에도 작가 영혼에 골을 남긴 사람들은 그리스 민족시인 호메로스, 작가 생존 때의 현존 철학자 앙리 베르그송, 저서로 만난 니체와 붓다(불교적 세계관)가 있다.

이 소설을 이해하기 위해서는 작가가 지향하는 궁극적인 가치 '메토이소노'(성화聖化, 즉 '거룩하게 되기')를 이해하여야 한다. 이것은 보이는 것과 보이지 않는 것, 육체와 영혼, 물질과 정신 너머에 존재하는 변화이다. 예를 들면 포도에서 포도즙- 포도주- 사랑으로 변화하는 성체(聖體)이다.

작가는 1883년 크레타섬에서 출생하였다. 크레타 인으로 불리기를 선호했으나 태어날 당시 터키의 지배를 받고 있었다. 그는 삼 단계 투쟁과 각성으로서, 터키로부터 해방 쟁취, 무지나 악의 공포와 같은 모든 형이상학적 내부의 추상으로부터의 해방, 우리 사이라고 일컬어지는 것 또는 우리가 섬기는 것 중에 우상이 되어 버린 것으로부터의 해방이 있다. 그는 1951년과 1956년 두 번에 걸쳐 노벨문학상 후보로 추천되었다. 그는 러시아의 톨스토이나 도스토옙스키에 비교될 만큼 오랜 영혼의 편력과 투쟁의 작가였다.

소설의 줄거리이다.

젊은 지식인 화자 '나'가 크레타섬으로 가는 배를 기다리다가 60대의 자유인 조르바를 만남에서 시작된다. 친구에게 '책벌레'라고 조롱당한 후 새로운 생활을 해 보기로 결심하여 크레타섬의 갈탄 폐광을 빌린 '나'에게 조르바는 동반자가 되어 함께하는 시간이 펼쳐진다. '나'는 갈탄 광산업을 시작하며 처음 만난 그에게 광부들의 감독 자리를 맡긴다. '나'는 조르바와 생활하면서 자연스럽게 그의 과거를 듣게 된다. 그의 이야기들이 '나'의 기준에는 파격적으로 다가온다. '나'는 그를 '순수 그 자체의 인간'이라고 느끼게 된다. 규범이나 도덕과는 거리가 멀고, 그냥 보고 느끼고 생각나는 대로 행동하는 그런 인물이 조르바이다. 그는 시내에 중요한 일을 보러 갔다가도 거기서 어린 여성을 만나 호텔에서 사랑을 나누는가 하면, 이런 행동을 당당하게 사장인 '나'에게 '언제까지 이렇게 사랑을 나누어도 되느냐?'라고 뻔뻔스럽게 묻는 사람이다. 어느 날 갈탄 광산업 효율을 높이려고 케이블을 설치하고 완공식을 하게 되는데, 하필이면 그 시설이 무너지고 사업은 어이없이 망한다. 그런데 '나' 역시 이런 상황에서 춤을 추기 시작한다. 그러니까 나 역시도 어느덧 조르바의 생활방식에 물들어 버린 셈이다. 어쩌면 갈탄 광산업이 '나'에게는 억압적인 족쇄와도 같아서 차라리 사업이 망해버려 자유로워졌다는 의미로 볼 수 있다.

작가는 소설 속 주인공 조르바의 행적을 통해 인간 삶의 본질과 진정성에 대한 성찰, 그리고 진정한 인생의 행복은 무엇이며 어떻게 사는 것이 완벽한 자유를 구가하면서 인간다운 삶을 영위하는 것인가에 대한 삶의 근원적 질문을 풀어나가려 한다. 인간은 자유를 추구하는 존재이다. 작가는 삶을 '거칠고 쉴 곳 없는 자유의 오름길'로 규정한다.

조르바는 자신이 여성에게 나약한 존재임을 감추기 위해 여성을 악마 또는 가장 알 수 없는 존재 등으로 말하지만 실제로는 여성을 가장 사랑한 사람이었다. 과부를 성적 대상으로 묘사하나 자살에 몰리게 된 여인을 보호하였고, 자신과 약혼을 한 오르탕스 부인이 죽자 가장 슬퍼했다.

영화 〈그리스인(희랍인) 조르바〉에서는 영국에서 건너온 그리스와 영국인 혼혈 작가인 버질(소설의 화자인 '나')과 조르바가 주인공이다. 이 영화는 1964년 개봉되었고 141분 상영이며 대사는 영어이다. 이 영화의 압권은 종반부에서 소설 속 문장 '둘이서 벌인 사업이 거덜 나자 해변에 마주 앉아 있다가 조르바는 벌떡 일어나 춤을 추기 시작한다'와 같이 영화에서도 주인공 조르바(앤서니 퀸)가 버질(앨런 베이츠)과 열정적으로 해변에서 춤추는 장면이다.

내게 감동을 주는 문장이다.

'우리는 정작 행복한 순간에는 그게 행복이라는 것을 잘 느끼지 못한다. 오직 그 행복이 끝나 먼 과거로 흘러간 다음에야 비로소 갑작스럽게, 그리고 때로는 소스라치게 놀라면서 순간 우리가 얼마나 행복했던가를 새삼 깨닫는다.'

'아무런 야심도 없으면서 마치 모든 야망을 다 가진 듯이 노예처럼 열심히 일하는 것, 사람들과 멀리 떨어져 살지만 그들을 사랑하면서도 그들에게서 아무것도 바라지 않는 것, 크리스마스를 핑계 삼아 실컷 먹고 마음껏 마시고 나서는 홀로 모든 유혹을 물리치는 것, 머리 위에는 별이 빛나고, 왼쪽으로는 땅, 오른쪽으로는 바다가 있는 것, 그리고 마음속 깊숙이에서 인생은 끝났고, 삶의 마지막 성공은 전설이 되는 것임을 갑자기 깨닫는 것, 이런 것이야말로 진정한 행복이다.'

인생의 자유를 최대 희망과 보람으로 살아가는 나에게 조르바는 부러움의 대상이다. 나는 수년 전 그리스 중부의 메테오라 수도원을 방문한 적이 있다. 나는 언제 저 오백여 미터가 넘는 인간 세상과 격리된 수도원에서 적어도 일주일 또는 한 달간 조용히 묵상하며 지낼 수 있을까 하며 상상에 잠긴 적이 있다. 내 주위의 여

건은 이러한 나 홀로의 자유조차 허락하지 않는다.

자유를 사랑하는 독자에게 이 책의 일독을 권하고 싶다.

• 현대작가 여름호, 2024.

존재의 가벼움과 무거움

밀란 쿤데라(1929-2023)는 체코 동부 모라비아지방의 브르노에서 태어났다. 그가 활동하던 시기의 체코슬로바키아는 소련의 지배를 받던 공산주의 체제였다. 쿤데라는 1968년 '프라하의 봄'에 참여하여 반공 활동을 하다 체포되었고 그의 작품은 자국 내에서 출판이 금지되었다. 그는 1975년에 프랑스로 망명한 이후 시민권을 취득하였고 프랑스에서 그의 장편소설 대표작 『참을 수 없는 존재의 가벼움』을 1984년에 출간하였다. 한국에서는 이재룡 교수의 불어판 번역본이 발간되었다(민음사, 1999, 484쪽).

이 소설은 국제적으로도 대중적 사랑을 받고 있고, 우리나라에도 애독자가 많은 작품이다.

이 작품의 주요 등장인물은 각각 두 명의 남자와 여자이다. 신경외과 의사 토마스, 식당 여종업원 테레사, 여류 화가 사비나, 대학교수 프란츠 등 네 명의 남녀가 펼치는 사랑 이야기를 통해 가벼움과 무거움이라는 주제로 삶과 죽음의 문제를 조명하고 있다. 이 소설의 주제는 인생을 어떻게 바라볼 것인가에 대해 생각할 점을 던져주고 있다. 인생을 무겁게 보는 테레사와 프란츠, 반대로 가볍게 대하려고 하는 토마스와 사비나, 이 네 사람의 대비를 보여주고 있다. 인생과 존재에 대한 관점의 차이로 인해서 네 사람은 만나고 헤어짐을 반복하며 갈등한다.

토마스는 결혼하여 아들 하나가 있지만 이혼한 상태다. 테레사는 체코의 한 작은 마을의 식당에서 종업원으로 일하다 토마스를 만나 부부가 된다. 토마스는 한 여자와 오래 지낼 수 없는 많은 여성 편력을 가진 가벼운 사람이다. 그는 사비나와 여자친구 관계를 유지하고 있는데, 그녀는 토마스의 이러한 성격을 잘 이해하는 여자였다. 하지만 테레사는 토마스가 다른 여자들과 자유분방한 관계를 갖는 것을 싫어하며 그의 바람기 때문에 끊임없이 괴로워한다.

그 무렵 프라하에 소련군이 진주하는데, 당시 프라하에 불고 있던 민주화 바람(프라하의 봄)을 진압하기 위해서였다. 토마스와 테레사, 사비나는 소련군 치하의 고국을 떠나 스위스로 이주한다. 스위스로 이주하고 나서 어느 날, 테레사는 돌연 프라하로 돌아가고, 그녀를 그리워한 토마스도 프라하로 되돌아간다. 프라하에서 테레사는 한 술집에서 종업원으로, 토마스는 본업인 외과 의사로서 일하며 지낸다. 그는 과거에 한 신문에 공산주의자들을 비판하는 글을 게재한 것이 문제가 되어 의사 생활을 계속할 수 없는 상황이 되고 만다. 그 와중에도 그는 주체할 수 없는 바람기로 여러 여자와 관계하며, 테레사는 남편에게서 다른 여자의 체취를 느끼며 괴로워한다. 두 사람은 결국 시골로 향하는데, 전원생활을 통해 그들은 행복감을 맛보게 되나 불운하게도 자동차 사고로 죽음을 맞고 만다.

　스위스 제네바에 남아 있던 사비나는 프란츠라는 유부남 대학 교수를 만나게 된다. 프란츠는 그녀에게 걷잡을 수 없이 빠져들어 가정을 버리고 사비나와 결혼하려고 하나, 사비나가 원하는 것은 그것이 아니었다. 그녀는 한 남자의 아내로서 살고 싶은 생각이 없었고, 어느 날 프란츠를 갑자기 떠나버린다. 그녀는 미국으로 가서 화가의 삶을 살아간다. 사비나를 떠나보낸 프란츠는 자기를 연모하는 여학생과 동거하던 중에 당시 전쟁으로 고통을 겪고 있던 캄보디아에 의료 봉사를 가게 된다. 그곳에서 그는 강도를 만나 습격을 당하고, 제네바로 돌아왔으나 결국 죽고 만다.

　인생을 무겁게 대하는 사람들은 사랑이나 결혼에 대해 상당한 책임감을 지니고 있다. 작가는 토마스와 테레사, 프란츠의 다소 허무한 죽음을 보여줌으로써, 허망한 인생 속에서 우리의 존재를 무겁게 대할 필요가 없다는 점을 역설하는 듯하다. 유능한 신경외과 의사인 토마스는 존재의 무의미(가벼움)을 상징하는 인물이다. 그는 보통 사람들이 소중하게 여기는 가치들(무거움), 즉 책임, 정조, 사랑, 의무 등에 의미를 두지 않는 인물이다. 그의 이런 세계관은 여성 관계에서 잘 드러난다. 그런 그가 무거움을 추구하는 테레사를 우연히 만남으로서 변화된다. 그녀를 통해 이전에는 몰랐던 책임감, 동정, 애정과 같은 무거운 감정을 갖게 된다.

　'이 소설의 주제는 한 마디로 가벼움과 무거움의 교차와 반복이 빚어내는 아름다움에 대한 찬양이다.'

나는 어떤가. 인생과 존재에 대해서 사랑과 이별 등에 대해서 대단히 무겁고 신중하게 생각하는 편이다. 가능한 많은 책을 읽으려 하고 글을 쓰며 깊이 생각하려 노력하고 있다. 나는 매사에 가벼운 사람들을 가능한 한 멀리 두려 하고 있다.

소설 원작은 1988년 미국에서 필립 코프먼 감독에 의해 〈참을 수 없는 존재의 가벼움〉(The unbearable lightness of being)이라는 제목으로 영화화되었다.

한국에서는 〈프라하의 봄〉이라는 제목으로 1989년 7월 개봉되었다.

・문학서초 27호, 2023. 12.

아니 에르노의 소설을 읽으며

프랑스 작가인 아니 에르노(1940-)는 2022년 노벨문학상 수상 기자 회견에서 '계속 불의와 맞서 싸우겠다. (문학이) 즉각적인 영향을 주지는 못하겠지만, 여성과 억압받는 사람들의 권리를 위해 투쟁하겠다'고 했다.

그녀는 1974년 소설《빈 옷장》으로 데뷔했다.

작가의 대표작《단순한 열정》(1991)은 40대 여성 작가 본인이 주인공으로서 1988년에 만난 러시아 출신 외교 주재원이자 13살 연하인 유부남과의 불륜을 회고하는 소설이다. 혼외정사를 극사실적으로 묘사한 이 작품은 영화화되어 2020 칸국제영화제에 진출했다. 적나라한 현실감과 선정성 작품의 시작이다, 소설의 첫 문장은 '올여름 나는 처음으로 텔레비전에서 포르노 영화를 보았다'로 시작한다.

이 작품의 대표적인 일부 문장을 보자.

'작년 9월 이후로 한 남자를 기다리는 일, 그 사람이 전화를 걸어 준

다거나 내 집에 와 주기를 바라는 일 외에는 아무것도 할 수 없었다.'
'A를 기다리는 것 외의 다른 일에 조금이라도 정신을 빼앗겨 마음을 흐트러뜨리고 싶지 않았다.'
'그 사람은 욕망이라는 값진 선물을 하고 있잖아'

에르노의 잘 알려진 또 다른 작품 《남자의 자리》(1984)는 작가의 자전적·전기적·사회적 글이라는 수식의 시발점이 된 작품이다. 아버지의 죽음을 계기로 사실에 근거한 진실한 감정을 담담히 서술한 작품으로 작가는 프랑스 4대 문학상 중의 하나인 르노도상을 수상했다.

《사건》(2000)은 에르노가 20대인 1960년대 프랑스의 신구문화 충돌, 자유연애와 임신, 불법인 낙태 시술, 육체적 심리적 고통 작품이다. 이 소설은 영화화되어 2021 베니스영화제에서 황금사자상을 수상한 작품이다.

작가는 2003년 '아니 에르노 문학상'을 제정했다.

《세월》(2008)은 프랑스 문학상을 휩쓸었다. 자의식이 강한 프랑스 여성이 10대(1950년대)부터 40대(1980년대)까지 겪은 오래전 성과 사랑의 이야기를 묶은 소설이다.

자전소설과 미발표 일기 등을 수록한 《삶을 쓰다》(2011)로 생존 작가로서는 처음 갈리마르 총서에 이름을 올렸다. 이 총서는 작고한 작가의 이름을 올려왔다.

작가는 빈곤층 출신 여성이 성장하고 출세하는 와중에 겪는 모멸감과 소외 의식을 체험하고 이를 자유분방한 언어로 소설화했다. 그녀는 부모의 교육열로 소설가 겸 대학교수가 됨으로써 신분이 상승했다고 했고, 삶 자체가 문학적 성취임을 보이는 작가이다.

소설은 곧 그녀의 삶이며, "직접 체험하지 않은 허구는 한 번도 쓴 적 없고 앞으로도 그럴 것", "오로지 경험한 것만을 글로 쓴다"는 자전적 사회학적 글쓰기를 보이는 작가로 평가받고 있다.

나는 작가가 자신이 쓴 가면을 가차 없이 파헤치는 용기는 높게 평가한다. 그러나 포르노 소설에서나 표현될 용어가 자연스럽게 작품에 수없이 표현되고 있고, 작가의 실제 경험을 가감 없이 자세하게 까발리는 것에 대해서는 거부감이 든다. 아마도 개인적인 삶을 유별나게 중요시하는 프랑스적인 삶에서나 관용되는지도 모른다. 또한 단행본의 크기와 쪽수에 비해서 우리의 번역 책 가격이 너무 높다. 예를 들면 《집착》의 경우 포켓 크기의 작은 책으로 본문은 78쪽 분량의 단편소설인데 가격은 만 원이 넘는다. 작가가 노벨문학상을 수상할 정도로 유명 소설가라 해도 나는 그녀의 소설을 주변에 추천할 만한 자신은 없다.

• 그린에세이, 2024. 7-8.

3· 여행 산문

마지막 사무라이의 도시 가고시마

작년 가을 일본 규슈의 최남단에 있는 가고시마를 방문했다.

인천공항에서 미야자키로 먼저 향했다. 비행시간이 1시간 10분 정도였다. 늦은 오후 항공편이어서 미야자키 숙소로 갈 때는 이미 어두워져 있었다. 구름 사이로 보이는 밝고 큰 보름달이 어느 때보다 더 가까이 보였다. 미야자키 해안가 숙소에서 하루를 지낸 후 가고시마로 이동했다. 승용차로 두 시간 거리였다.

가고시마 하면 이 도시의 상징인 마지막 사무라이(무사)와 사쿠라지마 화산이 먼저 떠오른다.

가고시마에서의 숙소는 시로야마(城山) 언덕에 있는 시로야마 호텔이었다. 천황과 황태자 부부도 숙박했다는 이름난 곳이다. 호텔 정면으로 가고시마 시내와 가고시마만이 내려다 보인다. 만 건너편에 이 도시의 상징인 거대한 사쿠라지마 활화산에서 가스를 내뿜고 있다. 이 화산은 1914년까지는 사쿠라지마(桜島 앵도), 즉 섬이었다. 1914년 1월 12일 대폭발로 인해 막대한 양의 용암이 흘러나와 바다를 메우면서 육지와 연결된 반도가 되었다. 사

가고시마 시내와 사쿠라지마 화산. 위쪽 사진처럼
낮에는 화산에서 분출하는 가스가 마치 흰 구름같이 착각하기도 한다.

가고시마 시내와 사쿠라지마 화산.

쿠라지마 화산은 가고시마 시내 어디에서나 보인다. 이탈리아 나폴리에 인접한 베수비오산과 비교되어 가고시마가 '일본의 나폴리'라는 별명도 있다.

사쿠라지마 화산의 최고 높이는 1,117m, 매년 1,000회 이상 폭발적으로 분화한다. 일본에서 최고로 활발한 활화산이다. 시로야마 전망대에서 약 10km 거리에 있다. 나는 2016년 초에도 이 지역을 방문한 적이 있었다. 낮에 처음 보았을 때는 화산 정상에 마치 흰 구름 일부가 걸쳐 있는 줄 알았다. 평소에도 하루에 2-4회 분출이 일어난다. 분출 가스 구름이 보통 태평양 쪽으로 향하고 있다. 숙소 창문으로 종일 보이는 웅장한 화산 분출 모습이 내겐 두고두고 인상적이었다.

가고시마 하면 영화 〈라스트 사무라이(The Last Samurai)〉를 떠올린다. 에드워드 즈윅 감독으로 2003년 제작된 미국영화이다. 영화 시기는 1870년대로서 사라져 가는 사무라이 집단을 지키기 위해 메이지 신정부에 대항하는 마지막 사무라이의 장엄한 죽음을 보여주는 감동적인 영화이다. 미국인 알그렌 대위(톰 크루즈 분)가 일본의 신식 군대를 조련하기 위한 교관으로, 사무라이의 마지막 영웅 카츠모토(와타나베 켄 분)가 열연한다. 이 마지막 사무라이가 '가고시마의 영웅', '훌륭한 무사의 표본', '의리의 사나이'라고 불리는 사이고 다카모리(西鄕隆盛, 1828-1877)이다.

다카모리는 메이지유신(1868)을 성공시킨 3걸 중의 한 인물이다. 근대화와 더불어 무사들이 해체되고 사무라이의 위상과 정신을 잃을 것을 염려한 사이고는 1873년 조선을 정벌하자는 정한

론(征韓論)을 주장하였으나 중앙 정부가 받아들이지 않자 정부와의 갈등이 고조되고 실각하여 가고시마로 귀향(1874)하였다. 고향인 가고시마에서 사학교를 설립하여 무사를 양성하고 메이지 신정부의 개혁 정책에 반대하며 결국에는 세이난(西南) 전쟁(1877년 2월)이라는 반란을 일으켰으나 6개월간 지속하다 패배하게 되자 할복 자결했다. 초기에 그는 국가의 반역자로 인식되었으나 지금은 영웅으로 존경받고 있다. 도쿄 우에노 공원에도 동상이 세워져 있다. 가고시마에서 그는 절대적으로 존경받는 인물이다. 그의 좌우명은 경천애인(敬天愛人) 이다. 사이고는 키 183cm, 체중 90kg으로서 당시 일본인으로는 거구였다고 한다.

가고시마는 일본의 최남단 도시로서 서양문명을 가장 먼저 접한 도시이다. 일본의 정치, 경제, 사회를 근대화로 바꾼 혁명인 메이지 유신이 출발한 도시이다.

아름다운 정원으로 꾸며진 센간엔(仙巖園)은 귀족이었던 시마즈(島津) 집안의 별장이었다. 시마즈 가문은 가마쿠라 시대부터 에도시대까지 약 700년간 주로 남부 규슈를 통치해온 무사이자 귀족 집안이다. 센간엔은 19대 당주였던 시마즈 미츠히사(島津光久)에 의해 1658년 지어졌다. 현존하는 저택은 1884년(메이지 17년)에 개축했다. 웅장한 사쿠라지마 화산을 배경으로 품고 있는 이 정원은 국가 명승으로 지정될 정도로 아름다운 풍경을 자랑한다. 집 내부의 마루 복도와 다다미방을 따라 견학하며 귀족의 생활 양식과 문화를 견학했다. 당시에 이 집을 방문한 외국인들과 유명 인사들이 전시되어 있다. 그 가운데 마지막 사무라이 사이고

시로야마 전망대로 오르는 도로변 입구에 있는 사이고 다카모리 동상.

센간엔(仙巖園)은 에도(江戸)시대 시마즈(島津) 가문의 별장으로 1658년에 건축.

센간엔으로 들어가는 정문, 저택과 내부 정원.
이 저택을 방문했다는 사이고 다카모리의 사진.
저택에서 바다와 사쿠라지마 화산 전경이 보임.

다카모리의 얼굴도 보인다. 센간엔 주변에는 세계문화유산 '메이지 일본의 산업혁명 유산 제철 제강 조선 석탄산업'이 남아있다.

나는 가고시마 시내 서점에서 마지막 사무라이 다카모리와 관련한 책을 직원의 도움을 받으며 찾았으나 구하지 못하고, 단지 가고시마 안내 책자로 만족해야 했다.

• 서울공대 웹진 여름호, 2024.

소문이 관광지인 네스호

호수에 괴물이 살고 있다는 소문으로 유명한 스코틀랜드 네스(Ness)호에 다녀온 적이 있다. 영국 스코틀랜드 인버네스(Inverness)에서 학술회의가 나흘간 개최되어 말로만 들어오던 네스호를 방문할 수 있었다. 나는 스코틀랜드 남동부 도시인 에든버러와 동북부 도시인 에버딘을 학회 참석차 방문할 기회는 있었으나, 북부에 있는 인버네스 방문은 처음이었다. 인버네스는 하이랜드(Highland) 지방의 중심도시이며, 인구는 6만여 명이다. 학회 참석차 인버네스 같은 시골 소도시에 가기는 쉽지 않은 선택이다. 네시(Nessie)라는 괴물이 산다는 호수로 소문이 나서 유명해진 대표적 관광 명소 네스호를 이번 기회에 답사해 보자는 호기심이 학회 참가를 더욱 가능하게 하였다.

네스호는 스코틀랜드에서 두 번째로 큰 호수이며 인버네스 남쪽에 있다. 호수에 산다는 괴물 네시를 목격하였다는 소문이 1933년에 시작되었으니 금년이 괴물 출현 소문 이후 90주년이다. 네스호는 북동-남서 방향으로 길이 36.3 km, 면적 56.4 km²,

인버네스(Inverness) 시내를 흐르는 네스(Ness)강 주변 경치와 인버네스 성.

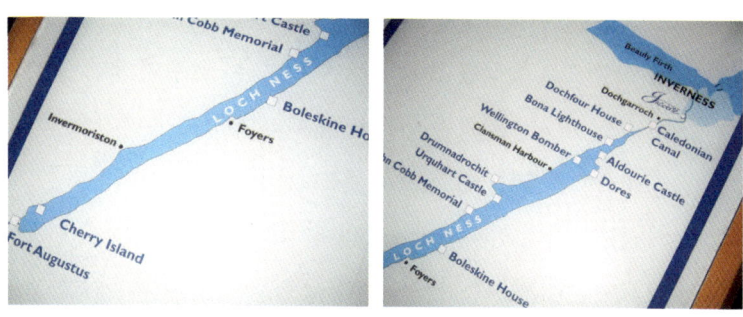

네스(Ness)호수.

고도 16m, 너비 2.7 km, 평균 깊이 132m(가장 깊은 곳은 320m)의 빙하 활동으로 형성된 좁고 긴 호수이다. 이 호수의 물은 북쪽의 인버네스 시내를 흐르는 네스 강을 따라 북해로 흘러간다.

네스호는 괴물 소문으로 유명 관광지로 발전하였다. 1958년 케임브리지대학교 과학자들의 수차에 걸친 조사와 2003년 영국 BBC방송의 전문가 수중탐험과 음향탐사 결과 괴물의 실체는 밝혀지지 않았다. 동아일보 기사(1997년 1월 28일 자)에 의하면 이 괴물의 정체를 알 수 있는 증거를 제시하면 백만 파운드(당시 환율로는 14억여 원)의 현상금을 제시하는 영화사가 있었을 정도로 이 호수는 흥미진진한 소문 자체가 관광자원이 되었다.

학회 주최 측에서는 사일간의 학회 기간 중 반나절 오후 시간을 네스호 방문 일정으로 배정하여 참가자들의 관심을 모았다. 학회 개최 기간이 12월 초순 겨울이었다. 거의 일주일 인버네스에 머무는 동안 하루도 맑은 날이 없었고, 매일 흐리거나 비나 눈이 내리는 날씨였다. 다행히 숙소는 난방이 잘 되고 아침 식사도 푸짐하여 숙식에는 불편이 없었다. 낮이 짧아 오후 4시면 어두워지는 전형적인 극지방(북위 57.5도)이었다.

네스호 방문은 학회장을 출발하여 오후 2시부터 네스호 칼레도니안 운하에서부터 한 시간 반 동안 배를 타고 남서 방향으로 우르콰르트(Urquhart) 성까지 이동했다. 배에 의한 이동 거리는 호수 전체 길이의 약 1/3 정도였다. 선상에서는 호수의 양안이 바로 보여 그리 넓지 않다는 인상을 받았다. 만약 호수 표면에 괴물이 지나다녔다면 충분히 호수 가에서 볼 수 있겠다는 생각이 들

우르콰르트(Urquhart) 성은 거의 파괴되어 돌벽이 남아 있는 정도
(위쪽 사진은 인터넷 자료임).

인버네스(Inverness) 시내와 네스(Ness) 강 주변의 야경.

었다. 혹시 내가 운 좋게 수면에 불쑥 오른 괴물을 보는 행운이 있을까 하는 상상도 했다. 그러나 이렇게 좁고 긴 호수에서 과연 거대한 괴물이 살 수 있었을까 하는 의구심이 더 컸다.

호수에서 배로 이동 중에는 다행히 흐리기만 하고 비는 오지 않아 호수 면과 주변의 아름다운 풍경을 잘 볼 수 있었다. 종착지인 우르콰르트 성에 도달해서는 비가 내리기 시작하였다. 이 성은 스코틀랜드 북부의 방어를 위해 13세기에 구축되었고, 현재는 대부분이 파괴되고 성의 잔해만이 남아 있다. 성안을 답사하고 성의 역사 기록을 방문센터에서 구경했다. 성을 출발하여 인버네스로 코치(coach, 버스)로 돌아오는 중간에 네스호 방문센터에서 괴물의 목격담 기사와 조사·탐사 역사를 기록과 영상으로 보았으나 괴물은 보지 못했다.

영국의 관광지를 방문하여 보면 잘 정리된 역사 기록과 전시물을 보게 되며 역사 문화를 남달리 아끼는 선진국의 모델을 보게 된다. 인버네스-네스호-우르콰르트 성에 대한 안내 자료가 풍부하고 방문센터에 자세하게 설명되어 있어 읽고 보기에도 너무 많았다. 네스 강을 따라 보이는 오붓한 마을 경관, 자세한 관광지 소개와 친절함, 아름다운 호수와 성 주변의 경치를 잊을 수 없다. 언제 다시 생전에 스코틀랜드의 하이랜드 지방 주변을 방문할 기회가 있을까 생각해 본다.

네스호 방문기를 쓰기 위해 학회 참가 자료 파일들과 수집해 온 안내 책자들을 꺼내 보며 추억에 잠길 수 있었다.

• 여행문화 겨울호, 2023.

온천 마을 유후인에서의 하루

삼 년 만의 해외여행이었다. 그동안 코로나 팬데믹으로 해외여행은 완전 포기하고 있었다가 지난 2월 하순 3박 4일간 일본 후쿠오카(福岡)-유후인(由布院) 여행을 다녀왔다. 이동 중 식사 시간 이외에는 마스크를 써야 하는 불편은 있었으나 좋았다. 얼마나 오랜 기간 기다려 왔던가.

유후인 온천 마을은 일본에서 유명한 휴양지 중의 하나이다. 이 마을은 후쿠오카 동쪽으로 승용차로 두 시간 정도 거리이다. 평평한 고속도로를 지나다 오르막길로 도로 양쪽의 높은 나무숲을 지나자 멀리 전방에 두 개의 원추형 화산 봉우리(1,584m 높이)가 있는 유후다케(由布岳)산이 보였다. 이 산은 유후인 어디에서나 보인다.

유후인 온천에서의 하룻밤 숙소는 무라타(無量塔) 산장이었다. 이름 그대로 측정하기에 너무 많다는 의미이며 손님의 행복을 위한다는 뜻이다. 1992년에 현재 위치에서 산장으로 출발했다. 산장 뒤로 유후다케 산봉우리가 보였다. 산장 주변은 높은 키의 나

고속도로에서 보이는
유후다케(由布岳)산과
울창한 숲길.
유후인(由布院)
온천 마을 전경.

무라타(無量塔) 산장과 숙소인 쇼와(昭和) 별장.

무숲이고 비슷비슷한 일본 전통 가옥(별장)들이 여러 채 보였다. 완만한 경사의 2차선 너비의 포장도로와 곳곳의 주차 공간이 편리해 보였다. 울창한 나무숲은 봄과 가을엔 얼마나 아름다울까 상상하기에 충분했다. 점심은 이 산장이 경영하는 소바(국수) 식당에서 간단히 했다. 식당 마당에서 내려다보이는 여러 곳의 솟아오르는 흰 증기가 온천지역임을 실감케 한다.

무라타 산장 본관에 로비 응접실과 식당이 있다. 식탁은 다다미방에 전통적인 나무 테이블 밑으로 다리를 바닥에 내려놓는 일본식이다. 숙소는 이 산장이 소유한 몇 개의 가옥 중 하나인 쇼와(昭和) 별장이다. 본관에서 돌계단으로 내려와 연결되는데 다시 걷고 싶을 만큼 아담하다. 이 별장은 전통적인 다다미방의 목조 가옥이다.

나는 다다미방을 볼 때마다 젊은 시절 도쿄대학에서 연구 생활할 때가 떠오르곤 한다. 학교 부근에 다다미 네 장 크기의 좁은 자취방에서 지냈다. 앉은뱅이 탁자를 하나 길게 놓고 그 옆에 누우면 꽉 차는 크기이다. 이번 방문에 나를 초대해 준 사위의 말로는 이 산장에서의 숙박이 꽤 비싼 곳이라 했다. 저녁과 아침 식사가 일본식 메뉴로 훌륭했다. 식사할 때 버틀러(Butler, 개인 집사라는 뜻) 서비스를 받는다. 이 서비스는 특별한 고객이 숙박할 때 식탁 테이블에 전담 직원이 배치되어 서비스함을 의미한다.

숙소는 넓은 온천욕 욕탕, 부엌 시설, 응접실의 소파와 책상, 서재가 완벽했다. 응접실에 걸어 놓은 유화(유후다케 산봉우리 두 개)가 시선을 끌었다. 마치 프랑스 프로방스의 화가 세잔의 생트빅투아

르(Sainte-Victoire)산을 연상케 했다. 응접실의 서재와 테이블은 고풍스런 목재로 만들어졌다. 일본식 다다미방에 고타쓰(炬燵, 탁상 난로 또는 이불 탁자= 테이블 아래 화로를 두는 난방 시설), 벽에 걸린 그림들 심지어 백제의 기와 그림도 있었다.

하룻밤을 묵고 난 다음 날 아침 비가 내렸다. 응접실 창문에서 보이는 잔디와 나무들과 푸른 이끼 풍경이 청초했다. 지붕에서 길게 내려 달린 물받이 철 초롱이 처음에는 무슨 용도인지 몰랐는데, 비가 오니 알게 되었다.

유후인은 예술가의 마을이다. 숙소를 출발하며 바로 아래 재일교포 화가의 사무실 겸 전시실에 들렀다. 화가이자 서예가인 정동주는 70대 중반의 재일교포 2세이며 이곳 출신이다. 그는 프랑스에서 작품 활동을 했다. 20여 년 전에 이곳 2층 가옥에 본인의 작품 전시실을 개설하고 상설 전시하고 있다. 회화 작품에 관심이 많은 내게는 그의 추상 유화 작품들이 강하게 다가왔다. 나무와 숲이 우거진 고향 마을에 작품 전시실이 있는 그가 매우 부러웠다. 내게는 아직 이런 숲속의 멋진 공간이 없지 않은가. 사무실을 지키는 작가의 따님은 한국에서 이 년간 공부도 한 재원이고 한국인과 결혼했다. 전시를 구경한 후 내가 출발하려 하자 비가 오는데도 주차장까지 배웅해 주었다.

유후인 기차역 부근은 전통 마을과 상점 거리이다. 기차역은 목조로 지은 자연 친화적인 건물이다. 역에서 유노츠보 거리를 산책하며 마치 동화 속 마을처럼 아기자기한 볼거리가 많은 가게를 둘러봤다. 구운 주먹밥 또는 일본 식혜라고 한글로 씌어 있다. 한

정동주(제일교포 2세) 화가이자 서예가의 작품 전시실과 작품들.

유후인 기차역과 유노츠보 거리. 인력거가 보인다.

국인 관광객이 많은 모양이다. 유후인 마을은 자연환경이 아름다운 온천 휴양지이며 관광지이다. 걸어서 충분히 돌아볼 수 있으며, 자전거나 관광 마차 또는 인력거 등으로 이동한다. 오래전부터 자리 잡은 숙소 시설과 식당 찻집, 기념품 가게 등이 아담한 분위기를 자아낸다. 온천수로 이루어진 물안개가 낀 긴린코(金隣湖) 호수는 답사에서 빼놓을 수 없다.

 유후인에서 일박 이일의 짧은 일정이었으나 다시 와야지 하고 희망한다. 여행의 매력은 낙관적인 기대감과 성취감에 있으니까.

• 여행문화 여름호, 2023.